Liebe Leserin, lieber Herzmensch

Was hast du dir für dein Leben gewünscht?
Ich bin der festen Überzeugung, dass nichts aus Zufall
geschieht und das, was wir uns für unser Leben
wünschen, wird wirklich passierten.
Ich habe mir gewünscht, die Wahre und größte Liebe
kennen zu lernen, die man in diesem Leben erfahren
kann.
Und das ist auch wirklich eingetroffen.
Und da du dieses Buch liest nehme ich an, dass auch du
auf dem besten Weg dahin bist. Glückwunsch.
Was für Hürden ich dabei meistern durfte und was das
„eigentliche" Ziel einer Dualseelenverbindung ist, werde
ich dir verraten.
Aber auch, wie du es schaffst, mit der Magie und der
Macht der Dualseelenverbindung um zu gehen und das
Beste für dich daraus zu Gewinnen.
In diesem Buch gebe ich dir ein paar Hilfestellungen und
Tricks an die Hand, um dir bei deinem Weg durch das
Dualseelenlabyrinth zu helfen.
Es sind alles Tipps und Tricks, die ich selbst ausprobiert
und erlebt habe.
Wenn du deine Dualseele gefunden hast, dann gehe den
Weg und du wirst ihn schätzen lernen.
Egal wie schwer der Weg auch sein mag, es lohnt sich
für dich und für ihn.

Du bist bereit diesen abenteuerlichen Weg zu gehen und ich möchte dich dabei gern unterstützen.

Es gibt viele Wunder auf diesem Weg zu entdecken und für dich zu erfahren.

Diese Wunder hat das Universum für dich und deine Dualseele bereit gelegt.

Nun ist es an dir, diese Gaben und Geschenke liebevoll an zu nehmen.

Ich kann dir versichern, dass wenn du diesen Weg bis zum Ende gegangen bist, das du freier und glücklicher sein wirst, als je zuvor.

Du wirst das Leben schätzen und lieben Lernen und das auf eine ganz andere Art und Weise, als du es wohlmöglich am Anfang dieser Begegnung tust oder in deinem ganzen Leben zuvor getan hast.

Ich habe es in einem Jahr geschafft, vom „Erkennen" ins „Genießen" zu kommen.

Deshalb verrate ich dir in diesem Buch, was du tun kannst, um genau so schnell oder schneller an, dein Ziel zu kommen.

Ich schreibe dir in diesem Buch ausschließlich meine Vorgehensweise und die Erfahrungen, die ich auf meinem Dualseelenweg gesammelt hab, damit sie dir weiter helfen können.

Und somit wünsche dir nun viel Spaß beim Lesen und wünsche dir alles Liebe auf deinem Weg zu deiner Dualseelenliebe und einem erfüllten, glücklichen Leben.

Hauptpunkte in diesem Buch

- Wofür und Warum habe ich dieses Buch geschrieben?
- Meine Dualseelengeschichte
- Worum geht es in einem „gewöhnlichen" Dualseelenprozess?
- Aber was tun, wenn man „alle" Aufgaben abbekommen hat?
- Was sind Dualseelen und was bedeutet der Dualseelenprozess für den Herzmenschen?
- Karmische Partner und Seelenverwandte
- Engel, Lichtwesen und das Universum
- Bitte das Universum um Hilfe
- Energetische Abschirmung
- Wegbegleiter
- Das Ego transformieren
- Das innere Kind heilen
- Meditationen, Hypnose
- Schlafprobleme
- Innere Ruhe finden, Selbstwertgefühl aufbauen, positive Affirmationen
- Ich bin ganz bei mir und in meiner Mitte
- Erzwinge nichts
- Der Rückzug
- Musik
- Tanze den Tanz deines Lebens

- Traurigkeit
- Von Herzen geben, ohne zu erwarten
- Treue und Vertrauen
- Verabschiede dich von ihm, wenn du bereit dazu bist
- Königin der Welt
- Jetzt hast du die Qual der Wahl
- Der besondere Schutz der Dualseelenpaare
- Wenn du deine Dualität nicht annimmst
- Dankbarkeit
- Kontaktaufnahme zu deiner Dualseele
- Tue alles erst dann, wenn du bereit dazu bist
- Sexuelle Energie bei Dualseelen
- Zeig was du kannst und tue das, was du willst
- Altersunterschied bei Dualseelen
- Nimm dir Zeit für dich
- Erfinde dich neu
- Lebensfreude
- Linguistisches System
- Die Grundregeln der Dualseelenbeziehung für den Herzmenschen
- Die Hauptpunkte meiner Dualseelenbegegnung, mit denen ich zu kämpfen hatte
- Numerologie bei Dualseelen
- Portaltage und Co.
- Der Stand eurer Entwicklung
- Hilfreiche Affirmationen

Wofür und warum habe ich dieses Buch geschrieben?

Ganz einfach, für dich als Herzmensch der Dualseelenbegegnung.
Aber eine Illusion muss ich dir gleich vorweg nehmen.
In diesem Buch geht es NICHT darum, wie du nach dem „Erkennen" schnellst möglich mit deiner Dualseele zusammen kommst.
Das ist in den meisten Fällen der positive Nebeneffekt, aber hier ohne Belangen.
Es ist auch KEINE Gebrauchsanweisung, wie du seine Beziehung zerstörst, ihn manipulierst oder in die Kiste bekommst.

In diesem Buch geht es ausschließlich und ganz allein um DICH, als Loslasser, als Herzmensch, wie du schnellst möglich deine Lernaufgaben meistern kannst und ins „Genießen" kommst.
Ich weiss aus eigener Erfahrung, wie schmerzhaft diese Dualseelentransformation für mich war und mit meinen Tipps und Ratschlägen möchte ich dir helfen und aufzeigen, wie du weniger „Leidvoll" durch diesen Prozess kommst und zu dem wunderbaren Menschen wirst, der du im inneren schon bist.

Ich zeige dir dein Potenzial auf und wie du es für dich bestmöglich und nutzbringend erkennen, annehmen und umsetzen kannst.

Meine Dualseelen Geschichte…

Das Schönste und das schwerste zugleich, war für mich das „bewusste" Erkennen meiner Dualseele.
Ich verstand die Welt nicht mehr und ich hätte sie auch nie verstanden, wenn ich nicht den Dualseelenprozess durchlaufen hätte.
Als ich ihn „bewusst" erkannte, waren wir schon über drei Jahre befreundet.
Klar, fand ich ihn von unserer ersten Begegnung an schon sehr attraktiv, anziehend und interessant, aber da wir bei unserem Kennenlernen beide in einer Beziehung waren, schien uns das Universum noch die Zeit geben zu wollen, andere Lernaufgaben vorher zu meistern, was ich im Nachhinein auch vollkommen verstehen kann.
Zum anderen war ich zu dem Zeitpunkt grade mit meiner Twinseele zusammen gekommen und hatte wirklich noch einige Lernaufgaben, ohne die ich es nie durch den Dualseelenprozess geschafft hatte.
Es hat halt alles seinen Sinn.
Das Universum sorgt vorab dafür, dass sich ein Dualseelenpaar erst dann erkennt, wenn beide bereit dazu sind.

Dualseelenpaare sind daher immer in einer besonderen Art und Weise vom Universum geschützt, da der Prozess grade auch für den Herzmenschen am Anfang sehr schwer ist und für den Gefühlsklärer zum Schluss der Transformation.

Als ich meine Dualseele erkannte, war ich an einem der tiefsten Punkte in meinem Leben angekommen.

Mein Selbstbewusstsein glich dem einer Erbse.

Ich war schwach, desillusioniert, depressiv, einfach nur so vor sich dahin vegetierend.

Ich erkannte in der Beziehung mit meiner Twinseele schon, dass hier etwas falsch lief, denn meine Gefühle für meinen Gefühlsklärer waren nicht nur stärker, sondern sie öffneten mir die Augen.

Aber ich weigerte mich hin zu sehen.

Und so durfte ich mich seit der Begegnung mit dem „wahren Ich" durch meiner Dualseele komplett neu „erfinden", um zu dem Menschen zu werden, der ich einst mal werden wollte.

Das faszinierende, was ich heute sehe ist, das ich vom erkennen meiner Dualseele, bis zur Vollendung des Dualseelenprozesses nur ein Jahr gebraucht habe.

Dieses Jahr war zwar eines der härtesten meines Lebens, aber auch eines der Schönsten.

Ich weiss nun auch, dass ich meinen Prozess auch schneller hätte schaffen können, aber auch ich habe in dem Jahr sehr viel gelernt und selbst ausprobiert, so dass ich dir meine Erfahrungen jetzt weiter geben kann.

Alles braucht seine Zeit und die Zeit zu verstehen muss man sich lassen, denn sonst fängt man immer wieder von vorn an.
Aber genau diese Erfahrungen, Tipps und Tricks, die ich in meinem Dualseelenprozess angewendet und perfektioniert habe, möchte ich dir nun präsentieren, so das auch du schnellst möglich zu dir, zu deiner Dualseele und ins Genießen kommst.

Worum geht es in einem „gewöhnlichen" Dualseelenprozess?

In erster Linie geht es für den Herzmenschen und für den Gefühlsklärer darum, sich selbst als Menschen zu erfahren, an sich und ihren eigenen Stärken zu wachsen, genau hin zu schauen und die Eigenschaften des anderen wie einen Spiegel vors Gesicht zu halten und die gegensätzlichen Eigenschaften für sich zu lernen.
Das klingt komplizierter, als es ist.

Als ich mir meinen Gefühlsklärer genau ansah, wusste ich, welche hauptsächlichen Eigenschaften mir fehlten.

1. Selbstbewusstsein
2. Selbstliebe
3. Selbstakzeptanz
4. Mut

5. Autorität
6. Standfestigkeit
7. Durchsetzungsvermögen
8. Zielstrebigkeit und eigene Ziele
9. Disziplin und Fleiß
10. Unnahbarkeit

Dies waren nur ein paar, der Eigenschaften, die mein Gefühlsklärer hatte und die ich erst noch „oder wieder" erlernen durfte.
Als ich mitten im Prozess war, fragte ich mich oft, ob ich diese Eigenschaften je schon einmal gefühlt und besessen hatte.
Am Ende der Transformation fielen mir ein paar Lebensetappen ein, wo ich diese Eigenschaften und die passenden Gefühle dazu besessen hatte, aber ich hatte diese Eigenschaften nie alle zusammen.
Ich wusste nun, dass dieses Gefühl, welches ich früher und sich in mir manifestiert hatte, mit diesen Eigenschaften verbunden war und nun ein völlig anderes ist.
Die Ganzheit des „ICH SEIN OHNE EGO", habe ich erst fast am Ende der Transformation erfahren dürfen und ich weiss, das diese Eigenschaften mich nun mein Leben lang begleiten werden, solange ich mir selbst treu bin.
Das Ego zu transformieren ist ein sehr wichtiger Punkt.
Oft hält uns unser Ego davon ab, das wichtige und wesentliche zu erkennen und an zu nehmen.

Aber wenn man es einmal transformiert und verstanden hat, ist es ganz einfach.
Und du wirst das auch schaffen.
Das, was wir Herzmenschen alle gemeinsam haben ist die scheinbar unüberwindbare grenzenlose Liebe und Sehnsucht zu unserem Gefühlsklärer.
Und auch, wenn wir es schaffen, dieses Gefühl für einen Moment nach hinten zu schieben, ist es immer präsent.
Auch am Ende der Transformation ist diese tiefe Liebe und Sehnsucht in jeder Sekunde all gegenwärtig, aber du wirst diese Gefühle auch für dich empfinden und das ist der Punkt, an dem du emotional frei sein wirst.

Aber es gibt für beide noch ein paar andere Aspekte, die ich dir gern erläutern möchte.

Egal ob Gefühlsklärer (Kopfmensch) oder Herzmensch (Loslasser), beide haben ihre Aufgaben, die zwar klar strukturiert sind, aber in einander über greifen.
Manche Dualseelenpaare haben auch das volle Programm geschenkt bekommen.
Der Herzmensch hat als erstes die Aufgabe all seine Ängste zu spüren, liebevoll an zu nehmen und zu „besiegen", zu transformieren.
Es bedeutet, dass du deine Ängste liebevoll annehmen darfst, sie spüren und bejahend loslassen darfst.

Das ist eine der emotionalsten Aufgaben, denn deine Ängste werden dir immer wieder hoch kommen, bis du sie im Griff hast.
Es begleitet dich die komplette Transformation über, wobei es sich „bessert", sobald du anfängst, an deinem Selbstbewusstsein zu arbeiten und dich selbst als wichtigsten Menschen in deinem Leben erkennst und respektierst.

Als ich meine Dualseele erkannte, fühlte es sich für mich an, wie ein Wunder.
Es war für mich, als würde die Welt anfangen sich doppelt so schnell zu drehen.
Mir war bewusst, dass das Universum mir das größte und schönste Geschenk zu Teil werden ließ, welches ich in diesem Leben erfahren durfte.
Aber es war auch eine sehr intensive Herausforderung, die Transformation an zu nehmen und den Dualseelenweg mit all seinen Hürden und Irrwegen zu meistern.
Ich schaffte es trotzdem innerhalb eines Jahres die Transformation zu durchleben, zu vollenden und die kosmische Prüfung zu bestehen.
Dafür bin ich heute auch unendlich dankbar.

Und nun möchte ich dir meine Strategie verraten, meine Tricks und praktischen Kniffe an die Hand geben, um dir bei deinem Dualseelenweg zu helfen.

Es ist mein Ziel dir zu helfen und auf zu zeigen, wie du als Herzmensch am schnellsten und „schmerzfreisten" durch diesen Prozess durch kommst.

Aber was tun, wenn man „alle" Aufgaben abbekommen hat?

Das mag vielleicht komisch klingen, aber diese Frage habe ich bewusst gewählt und möchte dir erst mal das „Grundmuster" einer Dualseelenverbindung aufzeigen. Vielleicht hast du es schon in anderen Büchern gelesen, dass dem Herzmenschen und dem Kopfmenschen verschiedene Aufgaben zugeordnet werden.

Herzmensch

1. Verlustangst durchleben und zulassen
2. Loslassen und seinen Rückzug akzeptieren
3. Selbstbewusstsein, Selbstwertgefühl und Selbstliebe aufbauen
4. Grenzen setzen
5. Das Leben genießen

Kopfmensch

1. Ablehnung des Herzmenschen und Rückzug
2. Liebeskummer zulassen
3. Verlustängste durchleben
4. Schutzmauer abbauen
5. Liebevolle Bindung zum Herzmenschen zulassen

Und nun zeige ich dir mal meinen Dualseelenweg

1. „Erkennen"
2. Verlustangst durchleben und zulassen
3. Loslassen
4. Ablehnung der Gefühle zu meinem Gefühlsklärer
5. Eigener Rückzug
6. Selbstbewusstsein, Selbstliebe und Selbstwert erkennen und aufbauen
7. Grenzen setzen
8. Schutzmauer abbauen
9. Liebevolle Bindung zulassen
10. Kosmische Prüfung - Loslassen

Dadurch, dass ich seine Partnerin als eine meiner Seelenverwandten erkannt hatte und sie mir als Mensch wichtig ist, habe ich mich sofort mit meiner Transformation beschäftigt und mich zurück gezogen.

Aber das hatte auch gewisse „Vorzüge", denn so habe ich zwar einige von seinen Aufgaben auch erleben dürfen, aber sie haben mir geholfen, selbst viel stärker zu werden und im Anbetracht meiner Dualseelenverbindung war dies nur mehr als verständlich.

Mein Gefühlsklärer hat das Selbstbewusstsein und die Courage eines Löwen und ich zu Beginn unserer „Erkennung" die Stärke eines kleinen, verängstigten „Miezekätzchens".

Am Ende meiner Transformation war meine Stärke auf „ausgewachsene Mieze" erhoben, aber ich wusste, dass ich mich noch gewaltig steigern musste.

Ich war zwar jetzt mit ihm auf Augenhöhe, aber noch lange nicht da, wo ich nun selbst hin wollte.

Und das war „emotional und mental ganz nach oben".

So machte ich weiter und steigerte mich jeden Tag ein Stück mehr.

Und mittlerweile war mein Kopf „perfekt" auf Erfolg gepolt.

Alles oder nichts.

Das war mein Motto und dieses setzte ich hartnäckig um, denn hier ging es wirklich um alles.

Wie willst du denn einem Löwen erklären, dass er sich mit einer Miezekatze zufrieden geben soll.

Hier half es nur, über mich hinaus zu wachsen und das wollte ich auch.

Ich wollte jetzt die Frau sein, die ich schon immer sein wollte und nichts konnte mich mehr von meinem Weg abbringen. Ger nichts!

Aber nun hatte ich es für mich schon geschafft „zum Gepard auf zu steigen", mir fehlten nur noch die letzten Punkte.

Und damit komme ich wieder zu meinen Metaphern.

Auch hier muss sich dein Gefühlsklärer im Klaren sein, ob er Überhaube einer Gepard Dame gewachsen ist.

Nicht das er sich zum Schluss doch etwas überschätzt...

Denn eines steht fest.

Wenn du deine Transformation abgeschlossen hast, bist du pure, unbändige Energie mit der kaum ein Mann noch mithalten kann.

Das ist so.

"Tanze niemals mit dem Teufel, wenn du die Hitze der Hölle nicht verträgst".

Das war meine wirkliche Bestimmung.

Und ich war mir sicher, dass dies vom Schicksal vorgesehen war.

In dem Punkt geht es nicht um Sex oder Beziehung, sondern durch diesen Weg neue Sichtweisen zu erfahren und in seiner eigenen Kraft zu wachsen.

Da Dualseelen meist schon sehr alte Seelen sind, haben sie in dem Stadion der Entwicklung die Möglichkeit, „die höchste Ebene" zu erreichen.

Natürlich gilt dies auch für Dualseelenpaare, die ihre Transformation „allein" vollzogen haben und dann als

Paar weiter wachsen, aber ich hab im Laufe meiner Transformationszeit so viele verschiedene Menschen kennen gelernt, dessen Weg genau so unterschiedlich, wie gleich war.

Manche Herzmenschen entscheiden sich auch zum Schluss allein weiter zu ziehen, aber das sind die Wenigsten, wie ich feststellen durfte.

Aber zu meiner Dualseelenverbindung gab es auch noch einen Aspekt, von dem ich glaube, das dieser mit rein spielte.

In den Raunennächten nach der Erkennung wünschte ich mir vom Universum zum einen, das meine Transformation schneller als „normal" von statten gehen sollte und ich wünschte mir von Herzen, mit ihm eine gemeinsame Zukunft zu haben und mit ihm zusammen zu sein.

Ich weiss gar nicht, wie oft ich in diesem Jahr, ich das Universum mit diesem Wunsch genervt habe, aber definitiv mehr als einhundert Mal am Tag.

Naja, so bin ich halt.

„Sehnsucht ist unheilbar"…

Und deshalb „konnte" ich mich nur daran orientieren, vorwärts zu kommen.

Der Weg ist das Ziel….

Was sind Dualseelen und was bedeutet der Dualseelenprozess für dich als Herzmensch?

Dualseelen kann man sich so vorstellen, wie eine gigantische Energiekugel, die vom Universum in zwei Teile geschnitten wurde.
Beide Teile landeten als Menschen zu verschiedenen Zeiten auf der Erde, um sich als Menschen zu erfahren und später an einander zu wachsen.
Die unterschiedlichen Zeiten haben den Sinn, dass dadurch erst die Dualität zustande kommen kann.
Beide sind gleich und lernen gleich.
Wenn sie zur selben Zeit auf die Erde kommen würde, wäre ihr Erfahrungsschatz gleich und so könnte keine Dualität stattfinden.
Einer von beiden muss „an Kraft vorlegen", damit ein „Austausch" stattfinden kann.

Das ist wie mit zwei Gläsern Wasser.
Im ersten Glas sind 200ml, da er schon mehr Erfahrungen sammeln konnte.
Im zweiten Glas sind 100ml, das macht den „Zeitenunterschied" aus.
Beim „Erkennen" fließen die 100ml aus dem zweiten Glas mit ins erste Glas.
Während der Transformation fließen 200ml aus dem ersten Glas in das Zweite.

Dies ist das Ende der Transformation für den Herzmenschen.

Nun muss der Kopfmensch seine Transformation abschließen.

Wenn seine Transformation abgeschlossen ist und er auf den Herzmensch zu kommt, wird dieser ihm die fehlenden 50ml wieder zurück geben, so dass beide gleichermaßen 150ml haben.

Das ist das Prinzip der Dualität.

Wenn beide Gläser gleich mit 150ml Wasser gefüllt wären, wo wäre denn da die Dualität?

Dualseelen stehen sich wie Spiegel gegenüber und sind von ihren Grundeigenschaften, inneren Werten und Grundcharakteren fast zu hundert Prozent identisch.

Aber dies wirst du als Herzmensch viel eher entdecken und verstehen, als dein Kopfmensch.

Der Unterschied besteht darin, dass bei der „Erkennung" der eine der Herzmensch ist, der sich Grundsätzlich von seinen Gefühlen leiten lässt und der Andere der Kopfmensch ist, der mehr seinem logischen Verstand folgt.

Nun besteht die Grundaufgabe für beide darin sich zu transformieren.

Das bedeutet, dass der Herzmensch lernen muss seinen logischen Verstand mehr ein zu setzen und das Gefühl mehr zurück zu setzen.

Der Kopfmensch hingegen muss lernen seine verletzliche Seite an zu nehmen, seine Gefühle an zu nehmen und zu zulassen.

Der Herzmensch weiss meist bewusst, worum es geht und das von Anfang an.

Der Kopfmensch lernt dies erst am Ende seines Prozesses kennen.

Es ist fast wie bei Flugzeugen, die ihre Spur in den Himmel zeichnen.

Während es aussieht, als würde ein Flieger nach oben fliegen, fliegt der andere nach unten.

Beide Dualseelen müssen ihre Transformation getrennt voneinander vollziehen, um zu wachsen.

Die Fortschritte wirst du in seinen und in deinen Augen verfolgen können.

Da der Herzmensch die Dualität ins Rollen bringt, ist er auch derjenige, der als erstes am Ziel ankommt und dessen Augen als erstes strahlen.

Am Ende der Transformation wirst du als erstes feststellen, das deine Augen glänzen und leuchten, wie ein kleines Universum.

Aber darauf gehe ich in einem späteren Kapitel noch einmal ein.

Aber du wirst es auch in jeder deiner Zellen spüren.

Nach Beendigung der Transformation beider setzt sich die Energiekugel wieder zusammen und ihr bildet werdet zusammen ein kleines, eigenes Universum.

So ist es einfach erklärt, wobei das Gesamtthema viel komplexer ist.

Wie komplexer erfährst du auf deinem eigenen Dualseelenweg.

Wenn ich dir zu viel verrate ist ja die Spannung raus...

Dieses Buch ist überwiegend für dich als Loslasser und Herzmenschen wichtig.

Als Gefühlsklärer kann es dir jedoch am Ende deiner Transformation helfen, eine Stütze zu sein und deinen Herzmenschen besser zu verstehen.

Karmische Partner und Seelenverwandte

Jeder Mensch ist etwas Besonderes.

Das ist eine Tatsache.

Aber in unserem Leben gibt es viele verschiedene Begegnungen, die man in einzelne Kategorien einteilen kann.

Für irdische Beziehungen gibt es „5 verschiedene Partner".

Hierbei unterscheidet man zwischen 2 verschiedenen Arten von karmischen Partnern, der Twinseele, (Zwillingsseele) und der Dualseele.

Viele behaupten, dass die Twinseele und die Zwillingsseele ein und das Selbe sind, aber ich habe es für mich anders kennen gelernt.

Zwillingsseelen kann man mehrere in diesem Leben haben, während man nur eine Twinseele und nur eine Dualseele hat.

Was mir auch aufgefallen ist, ist das die Dualseele „nur dein Gegenstück" ist.

Er kann niemals die Dualseele eines anderen Menschen sein.

Währenddessen die Twinseele auch die Twinseele eines anderen Menschen sein kann.

Dies ist etwas kompliziert zu erklären.

Hier meine Beschreibung

1. 1. Karmischer Partner - Sind die Menschen, die dir oft Schaden zufügen, an denen du lernen und wachsen musstest
2. 1. Karmischer Partner - Sind die Menschen mit denen man Kinder hat
3. Zwillingsseele – ist der Mensch, der deinem Grundcharakter ähnlich ist, aber mit dem keine irdische Beziehung möglich zu sein scheint
4. Twinseele – ihr begegnet euch wie kleine Kinder, die das Leben ausprobieren, sehr schmerzhafte Trennung mit Dramen
5. Dualseele – Ihr seid für einander die perfekten Spiegel und deine „Bestimmung"

Auf alles Weitere zum Thema Dualseele gehe ich in diesem Buch noch weiter ein, denn darum geht es ja.

Jeder Mensch, egal ob er „nett oder grausam" zu uns war,
ist eine Bereicherung für uns,
denn nur so haben wir gelernt, sind stark geworden und
haben es so weit geschafft.
Das solltest du immer berücksichtigen.
Jeder Partner oder Ex Partner wurde in unser Leben
geschickt, um uns zu helfen, unsere Erfahrungen zu
machen und an den Situationen zu wachsen.
Daher gibt es keine guten oder schlechten Menschen, nur
das, was wir aus den Erlebnissen mit ihnen für uns lernen
und annehmen konnten.
Und klar, hat für mich meine Dualseele den höchsten
karmischen Stellenwert von meinen Wegbegleitern, aber
wie gesagt, jeder Mensch, jede Seele ist wertvoll.

In der Transformationszeit wirst du viele Energien spüren
und lernen sie ein zu ordnen.
Jeder Mensch (jede Seele) entstammt einer
Seelenfamilie.
Damit ist selten die Familie gemeint, in die du hinein
geboren wurdest.
Damit sind die Menschen gemeint, die in der gleichen
Energie schwingen, wie du.
Das sind all deine „festen Beziehungen", wobei man da
die oben genannten Unterteilungen nimmt.
Seelenverwandte sind die Menschen, wo du spürst, dass
sie im selben Energiepool sind, wie du.

Das sind meist deine engsten Freunde und die Menschen zu denen du von Anfang an einen besonderen Draht hast.
Es spielt keine Rolle aus welchem Land dein Seelenverwandter kommt oder ob er deine Sprache spricht.
Es kommt einzig und allein auf die Energie an, die dich mit diesem Menschen verbindet.
Meine Dualseele war zum Beispiel während meiner Transformationszeit mit einer meiner Seelenverwandten zusammen.
Von daher war es für mich selbstverständlich, das ich nie etwas absichtlich getan hätte, um ihr zu schaden.
Aber genau so war ich fasziniert, als ich spürte, dass ihre Mutter und eine ihrer Freundinnen die Selbe Energie aussandten.
Was auch ein Zeichen dafür ist, ist das sie die Selbe „Lichtfarbe" umgibt.
Diese Energien und diese Energie- oder Lichtfarbe wirst du auch wahrnehmen können, wenn du deine Fähigkeiten annimmst und sie anfängst um zu setzen.
Es ist ähnlich wie Aura lesen, nur das diese eine andere Energiefarbe ist.
In dieser Zeit lernte und spürte ich auch, wie die Energie aller Menschen zusammen spielt und wie alles zusammen gehört.
Es ist wie der Unterschied zwischen Steinen und Hölzern.

Steine und Hölzer haben jeweils unterschiedlichen Dichten.

Sie Steine sind deine Seelenverwandten, die mit Holz ummantelt wurden.

Das Holz hat immer eine unterschiedliche Dichte, das ist die Aura.

Dies kann man um den Stein herum immer verändern.

Aber der Stein ist immer der Selbe.

Zu deiner Seelenfamilie gehören vielleicht die Rosenquarze, während deine Freunde, Mutter, Vater, Geschwister, Nachbarn usw. zum Beispiel Tigeraugen, Amethysten, Bernsteine oder andere Edelsteine sind.

Der Mantel kann sich ändern, der Stein nicht.

In deiner Seelenfamilie sind alles die Gleichen Steine.

Du hast bestimmt auch mal Tage, an denen du dich grenzenlos allein fühlst.

Ich kannte dieses Gefühl auch, bis ich verstand, dass ich niemals allein sein kann.

Wir Menschen, aber auch die Tiere und Pflanzen, um es einfach zu erklären, sind alle Energie, also die Grundlage des Lebens.

Es gibt auf dieser Welt nichts, was nicht Energie ist.

Und so ist auch alles mit einander verbunden.

Du bist mit jedem einzelnen Menschen auf diesem Planeten verbunden, weil jeder Mensch Energie ist,

Das heißt, du kannst niemals allein sein, weil du mit der Schöpfung und all ihrer Energie verbunden bist.

Dies zu erkennen und zu spüren ist ein wunderbares Gefühl.

Aber wir Menschen gehören alle zu verschiedenen Seelengruppen, deswegen schwingen unsere Energien unterschiedlich.

Du lernst manchmal Menschen kennen, wo du sagst „den kann ich nicht riechen" oder „den mag ich nicht" oder „der ist komisch"...

Das liegt daran, dass er zu einer anderen Seelenfamilie gehört oder seine Energie in dem Moment anders schwingt.

Du bist der Rosenquarz und er der Bergkristall...
Verschiedene Seelenfamilien.

Oder ihr seid beide in der Familie der Rosenquarze, aber du bist mit Eichenholz ummantelt und er mit Birkenholz.

Das heißt aber nicht, dass ihr euch nicht verstehen könnt oder als Menschen zusammen passen könnt.

Wir sind alle Energie, oder wie in diesem Beispiel, wir sind alles Edelsteine.

Manche Steine brauchen nur ein wenig länger Zeit um sich zu entwickeln.

Das aber tiefer zu ergründen ist eine „Wissenschaft" für sich und würde an der Stelle zu weit führen, aber so ist es und während deiner Transformation wirst du dich automatisch mit einigen Energien auseinander setzen.

Denn nun kommt die höchste Energie ins Spiel, die du jemals fühlen wirst, außer deiner eigenen.
Und diese Energie ist „reine Liebe" oder auch, „das Göttliche", welches wir alle in uns tragen und erst wieder lernen müssen, den Bezug dazu her zu stellen.
Und mit dieser „geballten Energie" wirst du lernen müssen um zu gehen.
Das ist am Anfang nicht so einfach, aber ich zeige dir, wie du es dir einfacher machen kannst.
Als erstes werde ich dir ein paar „Tricks" an die Hand geben, mit denen du dich stärken kannst.
Manches wirst du vielleicht erst einmal belächeln, aber im Laufe der Transformation haben diese Skills sich als sehr gute Helfer und sehr nützlich erwiesen.
Dein Bauchgefühl wird dir sagen, wann es für dich sinnvoll ist, die eine oder andere Technik an zu wenden, aber ich erkläre dir auch, wann ich sie bei mir eingesetzt habe und warum.

Engel, Lichtwesen, das Universum um Hilfe bitten

Jeder von uns hat den „Glauben" an irgendetwas oder irgendjemandem.
Für mich haben Engel, Lichtwesen und das Universum die höchste Schwingung, weil es für mich „greifbar" ist.
Ich „glaube" auch daran, dass es viele verschiedene Arten von Götter, Geister oder „Dämonen" gibt.

Dazu muss ich aber sagen, dass nichts davon in eine Kategorie wie „gut oder schlecht" gehört.
Es ist einfach.
Aber dieser Glaube ist jedem selbst überlassen.
Ob du an Gott, Engel, das Universum glaubst oder daran, dass die Menschen über dich wachen, die aus deinem Leben geschieden sind, es ist alles möglich, woran du glauben kannst.
Ich persönlich „glaube" an Engel, Lichtwesen und das Universum, weil dies für mich die höchste und beste Schwingung hat, wobei ich auch an Gott „glaube", aber auf eine andere Art und Weise, als die Meisten Menschen.
Deshalb setze ich Gott mit dem Universum gleich, weil es etwas ist, was mich umgibt und was ich „Greifen" kann.
Es entspringt dem „Schöpfergedanken", wobei wir Menschen alle einen Teil des Göttlichen in uns tragen.
Dem bin ich mir sicher.

Dies war auch ein wichtiger Punkt bei meiner Transformation und wird es auch immer für mein Leben sein.
Ich arbeite seit meinem siebten Lebensjahr mit Energiesteinen, Engeln und den Gaben des Universums.
Mit neun Jahren begann ich mit den verschiedensten esoterischen Mitteln zu arbeiten, die mir immer sehr weiter halfen.

Für mich ist es selbstverständlich meine Wünsche ans Universum zu senden und erfüllt zu bekommen, genau so, wie für mich die Existenz und Präsenz von Engeln und „Schutzgeistern" normal ist.

Wie hätte ich es sonst in meinem Leben bis hier her schaffen können, bei meinem Lebenswandel... grins...

Als meine Transformation begann, stellte ich dem Universum pausenlos fragen und ich bekam auch immer eine Antwort darauf.

Manchmal zwar auch eine Antwort, die ich nicht hören wollte, aber sie kam meistens prompt.

Ich war sehr Wissbegierig und wollte alles Wissen, also wünschte ich mir Bücher und Material, welches mir helfen sollte, alles zu verstehen und das um zu setzen, was das Universum „für mich vorgesehen hatte".

Und diese Dinge wurden mir auch alle zur Seite gestellt, so dass ich lernen und verstehen konnte.

Ich hatte in meinem Leben viele Situationen, die sehr mysteriös waren, aber am Ende verstand ich immer, wohin der Weg mich führen sollte.

Auch bei Entscheidungen bat ich meine Engel und das Universum immer um Hilfe.

Oft stellte ich eine Frage und ein paar Tage später sah ich auf einer Werbetafel die Antwort, oder durch die Zahlen auf der Uhr, an Autokennzeichen... einfach überall.

Egal in welcher Situation, ob du eine Frage beantwortet haben möchtest, Schutz oder Hilfe brauchst, Kraft oder Gelassenheit.

Egal was.
Bitte deine Engel, das Universum oder deine Geistführer um Hilfe.
Sie werden dir den Weg weisen.

Ein Beispiel:

Du willst eine Entscheidung treffen, ob du deiner Dualseele schreiben sollst.
In den meisten Fällen wird dir dein Bauchgefühl schon sagen, ob du es tun sollst, aber das Universum gibt dir auch eine Antwort darauf.

Die Frage:

Soll ich meiner Dualseele einfach mal ein „Hallo" schicken?

Antwort:

Die Antwort kann vielseitig sein.
Wenn du grade unterwegs bist, kann an einem Autokennzeichen ein JA stehen, auf das du aufmerksam wirst oder in einem Artikel ein NEIN vorkommen.
Aber genau so kann das Universum in Zahlen, wie zum Beispiel mit einer spontanen 22 antworten.

Aber zu den Zahlen erkläre ich dir gleich noch was im Kapitel „Numerologie".

Sie Antwort kann so unerwartet vor deinem Auge auftreten, aber trotzdem sollest du immer auch auf dein Bauchgefühl hören, denn dies weiss die meisten Antworten vorher.

Da du immer mit deiner Dualseele energetisch verbunden sein wirst, werden dir die Antworten sprichwörtlich „Wie Schuppen von den Augen fallen".

Etwas was du nicht versuchen brauchst, ist das Fragen nach Zeiten.
Das Universum kennt keine Zeit.
Und frage oder wünsche, ohne zu verlangen.
Das Universum würde dir einen Streich spielen und dich nur verwirren wollen.
Hab ich auch versucht... bringt nix...
Und ein Tipp...
Stelle nie Fragen auf die du die Antwort nicht wissen willst oder du die Antwort in dem Moment nicht ertragen kannst.
Auch beim energetischen Austausch mit deiner Dualseele.

Eine beliebte Frage des Herzmenschen ist auch immer „Liebt er mich"?

Zum einen wirst du es spüren, wenn es an dem ich und zum anderen gibt es da eine ganz einfache Antwort.

Ihr habt eine kosmische Verbindung mit einander und diese setzt eine „Grundliebe" voraus.

Bei dir als Herzmenschen wird sie viel schneller physischer Natur sein, als bei deinem Gefühlsklärer.

Er wird diese physische liebe erst viel später wahr nehmen, deshalb „kann er dich gar nicht lieben", zumindest nicht so, wie du „Liebe" definierst.

Er hat erst die Chance dich zu lieben, wenn du dich liebst.

Das ist das Gesetz der Resonanz.

Du kannst von keinem Menschen etwas verlangen, was du nicht bereit bist von Herzen zu geben und dieses „reine Gefühl" spürst du auch erst, wenn deine Transformation abgeschlossen ist.

Oder auch eine beliebte Frage.

„Werden wir je zusammen kommen"?

Das liegt an euch und eurem Seelenplan.

Natürlich ist es für Dualseelen vorgesehen, dass sie wieder zusammen kommen, aber ob es in diesem „irdischen Leben" oder danach sein wird, das ist eure eigene Entscheidung.

Diese Antwort kann dir das Universum nicht abnehmen.

Das ist „leider" so.

Sicher ist nur, dass ihr auf die Eine oder Andere Art und Weise IMMER wieder zusammen sein werdet.

Er ist deine „zweite Hälfte".

Daran lässt sich nichts ändern.

Noch ein Tipp.
Wenn du die Engel um Hilfe bittest, tue dies immer
Respektvoll.
Auch bei Wünschen ans Universum ist Respekt und
Verständnis das oberste Gebot.
Du möchtest etwas von ihnen und nicht andersrum.
Sie werden dir auch immer helfend zur Seite stehen,
wenn du sie höflich darum bittest.

Ich gebe dir noch ein paar Engel und ihre
Unterstützungen an die Hand.
Jedem Engel werden bestimmte Gaben und
Eigenschaften zu geordnet.
Ich beginne immer mit

„Liebe Engel, Liebes Universum"
„Ich rufe dich lieber Engel/ Erzengel …."
„Bitte hilf mir bei…. Meinem Vorhaben"
„Danke, dass du für mich da bist und mir hilfst, lieber
Engel/ Erzengel…"
„Danke"

Im Beispiel:

„Liebe Engel, Liebes Universum"
„Ich rufe dich lieber Erzengel Engel Ariel"

Bitte hilf mir den Mut aufzubringen, meiner Dualseele
auf Augenhöhe zu begegnen und mir die Kraft zu geben,
dieses Treffen für mich schön und harmonisch zu
gestalten"
„Lieber Erzengel Engel Ariel, ich danke dir für deine
Hilfe und dafür, dass du mir bei diesem wichtigen
Treffen an meiner Seite stehst"
„Danke"

Dies ist eine Form und Möglichkeit mit deinen Engeln in
Kontakt zu treten und sie um Hilfe zu bitten.
Ich habe mir viele Skills aus Büchern und dem Internet
angeeignet, so dass ich im Laufe der Jahre einige
beherrschte, aber dies ist für mich die einfachste und
respektvollste Methode, die ich seit meinem siebten
Lebensjahr anwende.
Natürlich kann man dies auch in einer Meditation
machen, aber diese Form möchte ich dir gern in
Verbindung mit etwas anderen nahe bringen.
Deshalb gebe ich dir diese einfache und sinnvolle
Formulierung an die Hand.
Wenn sie sich für dich nicht ganz stimmig anfühlt, kannst
du sie jeder Zeit verändern, aber bitte vergiss nicht, dich
nach jeder „Bitte" zu bedanken.
So manifestierst du deine Bitte und bedankst dich
gleichzeitig respektvoll, so dass eine positive
Schwingung erzeugt wird.

Erzengel und deren „Eigenschaften"

- Erzengel Ariel – Mut
- Erzengel Azrael – Trost spenden
- Erzengel Chamuel – Herzöffnung und Herzheilung
- Erzengel Gabriel – die Kreativität fördern
- Erzengel Haniel – gegen Nervosität, für Sensibilität
- Erzengel Jeremiel – Bereinigung der Vergangenheit
- Erzengel Jophiel – Befreiung von Negativität
- Erzengel Metatron – Prioritäten setzen
- Erzengel Michael – Befreiung von Ängsten
- Erzengel Raguel – die Gabe des Hellfühlens fördern
- Erzengel Raphael – Heilung bei Krankheiten
- Erzengel Raziel – Manifestieren von Wünschen
- Erzengel Sandalphon – Aggressivität auflösen
- Erzengel Uriel – Enthüllung des nächsten Schrittes
- Erzengel Zadkiel – das Mitgefühl fördern

Und genau so kannst du auch Gott, das Universum oder deine Geistführer anrufen und um Hilfe bitten.
In Liebe und Licht.

Bitte das Universum nach Hinweisen

Zufall oder Bestimmung?
Als ich meine Dualseele erkannte, war ich total verwirrt.
Konnte das wirklich wahr sein?
Ich wusste ja noch nicht einmal, was eine Dualseele ist,
geschweige denn, wie das ganze „funktionieren" sollte.
Ich wünschte mir einen Hinweis, dass wenn er wirklich
meiner Dualseele sei, dass irgendetwas bei unserer
nächsten Begegnung „Mein Herz erwärmen" solle.
Nicht nur, dass die Formulierung total bescheuert war,
sondern die ganze Bitte.
Umso sprachloser war ich, als er und seine Partnerin
mich zu sich einluden.
Er hatte gekocht…
Es gab Chili con carne.
Es war sehr lecker und gut scharf.
Das „wärmende Gefühl" kam prompt und ich „viel vom
Glauben ab".
Wenn ich heute daran zurück denke, könnte ich mich
immer noch vor kringeln und kaputt lachen, aber in
dieser Situation war ich einfach nur erstaunt und
sprachlos.
Und trotz der ganzen „Hinweise", denn dies war nicht
der einzige", glaubte ich es erst viele Wochen später, als
ich so viele Beweise präsentiert bekommen hatte, das es
absolut sicher war.

Energetische Abschirmung

Es gibt viele verschiedene Formen, um sich von seiner Dualseele energetisch ab zu schirmen.

Grade an den Tagen, wo ihn viel bewegt oder er Liebeskummer empfand, hatte ich mit dieser Energie zu kämpfen.

Und grade am Anfang, wenn ihr aufeinander trefft, ist seine Energie viel höher, als es deine zu dem Zeitpunkt ist.

Deshalb ist diese Abschirmung so wichtig.

Da du der Herzmensch bist, wird es für dich einfacher sein, diese Energien zu deuten, denn immer, wenn du dich von ihm „distanzierst" oder seine Energie abweist, wirst du merken, dass es dir gesundheitlich besser geht.

Das ist mir grade am Ende meiner Transformationszeit besonders aufgefallen, als er anfing, wegen seiner damaligen Partnerin Liebeskummer zu empfinden.

Es ist sehr faszinierend, aber auch sehr schmerzhaft für dich als Herzmenschen.

Seine Energie verursachte bei mir vehemente Magen-Darm Probleme, die ich durch den Einsatz von verschiedenen Techniken innerhalb einer halben Stunde nach der Anwendung los war.

Zufall oder Energie?

Ich glaube, du verstehst mich.

Diese Techniken kannst du aber nicht nur gegenüber deiner Dualseele anwenden, sondern auch im Alltag, weil sie dir helfen, dein Selbstbewusstsein zu stärken und dir mehr Ruhe und Ausgeglichenheit schenken.

Als ich mit den Techniken anfing, war ich noch ganz am Anfang meiner Transformation und noch sehr nachlässig damit, was mir gesundheitlich auch ein wenig schadete.

Aber es wäre auch nicht viel anders möglich gewesen, denn die Kraft meiner Dualseele war so stark und meine, zu dem Zeitpunkt, nicht vorhanden.

Und da auch ich Tage dabei hatte, wo ich mich nur mühselig durch den Tag schleppte, war ich an diesen Tagen besonders nachlässig.

Aber das war im Nachhinein betrachtet ein Fehler, denn wenn ich mich daran gehalten hätte, wären mir viele unangenehme Momente erspart geblieben.

Hie heißt es echt konsequent bleiben.

Da du als Herzmensch auch ein absoluter Gefühlsmensch bist, wirst du auch die Emotionen deiner Mitmenschen viel intensiver wahr nehmen und diese ziehen dich ohne energetischen Schutz noch mehr runter.

So habe ich das kennen gelernt und musste lernen, diese Emotionen nicht mehr an mich ran zu lassen.

Transformationskugel

Um dich von deiner Dualseele und anderen energetisch ab zu schirmen, was ich für mich als notwendig erachtet habe, bedarf es ein kleinwenig Übung.

Aber ich bin mir sicher, dass du das sehr schnell hin
bekommen wirst.

Mein Haupt gesundheitliches Problem in meinem
Dualseelenprozess waren Magen-Darm- Beschwerden.

Jedes Mal, wenn meine Dualseele Liebeskummer hatte,
durfte ich mich damit herum schlagen.

Zum Glück fand ich bei Zeiten eine Methode, um mich
energetisch vor seinen Emotionen zu schützen.

Suche dir einen ruhigen Platz, wo du mindestens fünf
Minuten ungestört bist.

Atme langsam und tief ein und aus.

Stelle dir vor, wie sich in deinem Bauch keine kleine,
strahlende, gelbe Lichtkugel bildet, die immer größer
wird und über dich hinaus wächst.

Nun umgibt dich eine riesige, strahlende Energiekugel.

An der Außenhülle der Kugel siehst du nun kleine Blitze
vor, welche lila und blau leuchten.

Halte dieses Bild ein paar Sekunden aufrecht.

Nun stell dir vor, wie sich die Kugel silbern färbt und die
lila und blauen Blitze auf ihr tanzen.

Die Kugel füllt sich mit einem dichten, Silber, violetten
Nebel, der dich vor negativen Energien unsichtbar macht.

Zum Schluss schießen aus deiner Energiekugeln spitze
Zacken, um die negativen Energien anderer sofort zurück
zu schicken.

Halte dieses Bild der nun vollständigen Kugel eine
Minute aufrecht und spüre in dich hinein, wie deine
Kräfte wachsen und du dich sicherere fühlst.
Jetzt bist du vor den negativen Energien geschützt und
kannst dich stark durch den Alltag bewegen.

Der Kraftstein

Auch diese Methode ist sehr wirksam, denn Steine haben
von je her eine besondere Wirkung auf uns.
Ich für meinen Teil stehe total auf kleine „Alltagsrituale"
und „Magiekrams".
Deshalb arbeite ich schon seit über 20 Jahren damit.
Anfangs war vieles noch unbewusst, aber im Laufe der
Zeit eignete ich mir bewusst vieles an, was mir meinen
Alltag sehr erleichtere und meine innere Haltung stärkte.

Manch einer mag es als Mumpitz oder Humbug ansehen,
aber da es für mich funktioniert, möchte ich dir kurz
davon erzählen.

Es gibt viele Möglichkeiten Kraft zu tanken, ein bisschen
Magie in den Alltag zu bringen, seinen Glauben und
seine Wünsche zu stärken.
Vom Liebeszauber, Geldzauber bis hin zum
Entspannungszauber ist die Bandbreite riesig.
Dabei ist aber ein Punkt klar.
Du kannst nur das anziehen, was zu dir will.

Wie ist das gemeint?

Wenn du dir ein Haus wünschst, zu Beispiel irgendwo in Deutschland, im Grünen, leer stehend und dafür einen Zauber anwendest, wird das Universum dir den Weg zu diesem Haus zeigen.

Wenn du aber das Haus deines ungeliebten Nachbarn haben möchtest, aus dem Aspekt heraus, dass du ihm schaden möchtest, wird es eher passieren, das dir „geschadet" wird, als was du dieses Haus bekommst.

Beim „Zaubern" ist es genau so, wie mit den Wünschen.

Es ist nur eine andere Form des Manifestierens.

Alles, was du dir in dein Leben wünschst hat die Voraussetzung, dass du es dir in Liebe und Respekt wünscht.

Anders funktioniert es nicht.

Und auch wenn du dir einen Wegbegleiter oder einen Menschen in dein Leben wünscht gelten zum einen die gleichen Regeln, aber da wir eigenständig denkend und fühlende Wesen sind, kannst du einen Menschen nur anziehen, wenn er es auch will.

Und da komme ich zu diesem einen „Ausnahmefall", der dich nicht begeistern wird.

Du kannst dir einen Wegbegleiter, einen Seelenverwandten oder einen Karmischen Partner in dein Leben ziehen, aber bei deiner Dualseele wird dies leider nicht funktionieren.

Und ich verrate dir auch warum…

Ihr seid schon in einer „Kosmischen Partnerschaft",
nämlich um an einander zu wachsen.
Das heißt, du kannst nichts anziehen, was mit dir schon
in Resonanz steht.
Erst wenn die Transformation vorbei ist und ihr beide
geklärt seid, wäre dieser Zauber möglich, aber es ergäbe
keinen Sinn mehr.

Was du allerdings machen kannst ist, deine Gefühle zu
bündeln, sie mit Energie auf zu laden und dies in einen
Stein zu deiner Stärkung zu packen, um es für dich Selbst
zu nutzen.
Dies ist sehr nützlich, wenn du kraft brauchst, um deiner
Dualseele gegenüber zu stehen.
Grade in der Anfangszeit ist dies von enormem Vorteil,
weil dich nichts so schnell aus der Ruhe bringen kann.

Wie stellt man einen Kraftstein her?

Ganz einfach.

So mache ich das:

Ich suche mir einen Tag zwischen Neumond und
Vollmond aus, wobei die Energie 2 Stunden nach
Neumond oder zwei Stunden vor Vollmond am höchsten
ist.

Dann suche ich mir einen Stein, wobei es bevorzugt ein Edelstein sein sollte, der deinem Ritual oder Sternzeichen entspricht.

Jedem Stein werden besondere Fähigkeiten zu gesprochen und diese sollte man so gut wie möglich nutzen.

Um die Kraft in Liebesdingen zu erhöhen bevorzuge ich einen Rosenquarz.

Zu einem Ritual gehört Räucherwerk, welches man sich mit passenden Sand, Kohle, Schale und Räucherwerk im Internet bestellen kann.

Wenn du dies nicht kannst oder willst, ist es auch möglich eine rote Rose, einen Gegenstand den du von ihm PERSÖNLICH bekommen hast oder etwas, was euch beide verbindet.

Zu dem Ritual gehört noch eine rote Kerze, eine Blume (am besten eine rote Rose) und Zettel mit Stift.

Jedes Ritual läuft nach dem gleichen Grundchema ab.

Zuerst sorgst du dafür, dass du ein paar Minuten ungestört bist und alles still ist.

Du musst bei jedem Ritual einhundert Prozentigen Bezug zu denen Gedanken und Gefühlen haben, sonst funktioniert es nicht.

Dann entzündest du die Kerze.

Danach das Räucherwerk.

Zu Beginn des Rituals solltest du schon alles an deinem Platz haben und nun Zettel und Stift nehmen.

Schreibe dir alles auf oder male, was du möchtest, was du dir wünschst.

Zum Beispiel:

Liebes Universuch, Liebe Engel.
Ich danke euch, dass ihr mir meine Wünsche erfüllt.
Mein Wunsch ist es, einen Seelenverwandten in meinem Leben begrüßen zu dürfen, der (ausführliche Beschreibung seiner Eigenschaften + männlich oder weiblich + ungefähres Alter).
Das ist bei allen Wünschen so, komme ich aber gleich noch mal drauf zurück.
Nun faltest du den Zettel zusammen und verbrennst ihn über der Kerze, um deinen Wunsch zu besiegeln.
Es gibt natürlich auch die Möglichkeit den Zettel samt der Rose im Garten zu begraben oder in ein fließendes Gewässer zu geben, aber da musst du für dich selbst entscheiden, mit was du dich am wohlsten fühlst.
Natürlich ist es hier auch wichtig, dass du dich am Ende des Rituals bedankst.
Wenn du dieses Ritual mit Räucherung machst, ist es wichtig, das du den Stein und den Zettel ein paar Sekunden über die Räucherung hälst, damit sich beides mit dieser Energie aufladen kann.
Wenn du dieses Ritual mit einer zweiten Blume machst, stelle bitte die Blume mit genügend Wasser in eine Vase.

Die Kerze, die du während des Rituals entzündet hast, muss bis zum Schluss durch brennen.

Du kannst auch ein rotes Teelicht nehmen, weil die nicht so lange brennen, aber du darfst es auf keinen Fall auspusten oder anderweitig aus machen, weil das Ritual sonst nicht seine Wirkung entfacht.

Aber, wenn die Kerze ungewollt durch einen Luftzug aus geht, denn darf das so sein.

Ich hatte dies mal bei einem Selbstbewusstseinszauber.

Als das Ritual rum war, ging die Kerze einfach aus.

So wusste ich, das sich dieser Wunsch in dem Moment schon am entfalten war.

Was aber auch wichtig ist.

Wenn die Kerze einfach so aus gegangen ist, das sie nicht mehr entzündet werden.

Das würde die Polarität des Wunsches umkehren.

Sinnvoll ist es, die Kerze dann zu vergraben oder liebevoll ihrem Schicksal zu überlassen.

Probier es einfach aus.

Am besten, du fängst mit einem kleinen Zauber an, wie Entspannungszauber mit deinem Geburtsstein oder einen Gesundheitszauber mit einem Bergkristall…

Es liegt ganz bei dir.

Und wenn es nur ein toller Pulli oder neue Schuhe sind, die du gern haben möchtest und dir nicht leisten kannst.

Probiere es aus und du wirst deine Erfolge sehen.

Bei mir funktioniert das seit über 20Jahren.

Und diesen Stein aus dem Ritual packst du in deine Hosentasche oder Handtasche, so dass du ihn in den Situationen, wo du ihn brauchst, immer bei dir hast und anfassen kannst.
Es wird dir auch helfen, deine innere Kraft zum Vorschein zu bringen.

Der Mann mit den Engelsteinen

Nach den ersten Monaten in meiner Transformation war eine Edelsteinmesse, zu der ich mit einer Freundin hin ging.
Ich dachte mir nichts dabei und schaute mir alles an, bis ich auf Edelsteine aufmerksam wurde, die wie kleine Engel aussahen.
Ich schaute nur flüchtig dort hin, aber der Verkäufer sah mich und kam auf mich zu.
Dieser Mensch war von seiner Art her sehr faszinierend, denn er sagte mir sofort auf den Kopf zu, was mein Problem war und welche Steine ich dafür tragen sollte.
Das hätte zwar jeder Scharlatan sagen können, aber ich hatte mich die Nächte zuvor belesen und er nannte mir genau die drei Steine, die ich wirklich brauchte und wollte.
Zufall, Schicksal, Wunsch oder Bestimmung?
Aber ich merkte beim Tragen der Steine, das es meine innere Einstellung wirklich veränderte und somit war ich zufrieden.

Ich könnte dich jetzt Stunden lang über Steine zu quatschen, aber das tue ich nicht.

Spüre in dich hinein, was dir gut tut und was du brauchst.

Grade über Edel- und Heilsteine gibt es so viel, was wissenswert ist und alles ist im Internet und in Büchern schnell und leicht zu finden.

Suchbegriff „Edelsteine- Selbstbewusstsein stärken" und du dein Bauchgefühl wird das Richtige finden.

Fokussieren auf etwas anderes
(Natur, Tiere, Musik)

Was ich mir erst zum Schluss der Transformation angeeignet habe, ist das Fokussieren auf „etwas anderes".

Da sich meine Gedanken im Sekundentakt um meine Dualseele drehten und ich es zum Schluss auch nicht mehr schaffte, mich „Sinnvoll" ab zu lenken, egal was ich tat, entwickelte ich mir ein Chema.

Es war definitiv nicht einfach, aber nach drei Tagen hatte ich es geschafft.

Sobald mir ein Gedanke von meiner Dualseele in den Kopf kam, lenkte ich meine Aufmerksamkeit auf ein Wort, welches ich in meinem Kopf mit einem Bild assoziieren konnte.

In meinem Fall wählte ich das Wort Sonnenblume.

Da die Gedanken um meine Dualseele wirklich sekündlich in mir hoch schossen, sagte ich dieses Wort oft Minuten lang, bis ich ihn für einen Moment aus dem Kopf hatte.

Am Anfang schaffte ich es ihn noch nicht einmal eine Minute aus dem Kopf zu bekommen, aber je mehr ich übte, umso besser wurde es.

Ich schaffe es zwar heute immer noch nicht, ihn für wenigstens Zehn Minuten aus meinem Kopf raus zu bekommen, aber das Gefühl ist besser geworden.

Und eines steht fest.

Wenn du diese Technik schaffst von Anfang an ein zu setzen, wirst du gute Erfolge damit erzielen.

Da bin ich mir sicher.

Wegbegleiter

Freunde

Auch du wirst viele Begleiter auf deinem Dualseelenweg finden.

Hierbei musst du aber auch entscheiden, welche dir helfen, Hinweise geben oder welche dich irgendwann ausbremsen.

Manche von ihnen werden dir auch ziemlich „hart und grausam" vorkommen, aber bedenke, dass sie nur Spiegel von dir sind und dir helfen, dich als Menschen zu finden und zu entfalten.

Und aus eigener Erfahrung kann ich sagen, dass ihre Worte manchmal sehr tiefgreifend sind.

Oft weißt du auch, dass sie Recht haben, aber du wirst zu Anfang nicht gleich alles umsetzen können.

Deshalb ist es für dich seht wichtig ein Wort zu Lernen.

STOPP!!!

Bis hier hin und nicht weiter.

Schreibe es dir auf Zettel.

Einen in die Handtasche, einen in die Hosentasche, einen ins Bad, einen in die Küche....

Und dieses STOP sollte dich mindestens 10 Tage begleiten.

Warum das „Stopp" so wichtig ist, kann ich die erklären.

Meine „Spiegel, Menschen" schafften es in kürzester Zeit, dass mein Nervensystem immer zusammen brach und somit mein Körper, weil ich dem Druck nicht gewachsen war.

Ich wollte es umsetzen, aber ich war noch gar nicht bereit dazu, weil ich es noch nicht geschafft hatte, meine Blockaden im Kopf zu lösen und nach vorn zu sehen.

Das begleitete mich durchgehend die erste hälftige der zweiten Stufe (Loslassen) und das war auch ein Auslöser dafür, dass ich im Krankenhaus landete.

Ich hatte keine Kraft mehr, aber ein gutes hatte es auch, denn als ich aus dem Krankenhaus wieder raus war, zog ich mich von allen zurück und begann selbst wieder zu wachsen.

Hätte ich mich aber von Anfang an mit diesem „Stopp"
abgeschirmt, hätte ich mein Selbstbewusstsein viel
schmerzfreier aufbauen können und damit hätte ich mir
sehr viele schmerzhafte Stunden erspart.
Das Resultat ist das gleiche, denn so kam ich auch weiter
und ans Ziel, aber ich hätte mir vieles ersparen können.
Und deshalb gebe ich dir diesen Tipp an die Hand.
Dieses kleine Wort kann die helfen und viel Ärger
ersparen.
Zu Anfang meines Prozesses hatte ich drei Menschen um
mich herum, die mich ständig in meine Schranken
wiesen.
Was mich aber auch sehr stark davon abhielt war, dass
ich zum einen kaum etwas verstanden hatte, von mir
selbst und zum anderen, weil ich noch in der
Vergangenheit fest hing.
Ich hatte zwar gut angefangen, aber ich konnte die
Zusammenhänge nicht sehen, die mich in diese Lage
gebracht hatten.
Ich war doch zuvor immer Stark und Selbstbewusst....
Falsch, ich hing mit dem Gefühl in meiner Vergangenheit
fest und zwar im Alter von 16 Jahren.
Klingt komisch, ist aber so.
Mit 16 Jahren war mein Selbstbewusstsein auf einem
damaligen, absoluten Höhepunkt.
Ich ließ mir nichts von niemandem sagen.
Dann stellte das Leben seine Weichen und ich fing an
Kompromisse zu machen und in den Jahren vor meiner

Transformation, mich für andere Menschen komplett zu verbiegen.

Das war mein Fehler, blöder Fehler.

Denn meine Mitmenschen lieben mich dafür, dass ich das sage, was ich denke, das mache, was ich will und das vertrete, woran ich glaube, egal ob es ihrer Vorstellung entspricht oder nicht.

Und bei dir ist es genauso.

Deine Mitmenschen lieben dich so, wie du bist, ausnahmslos.

Und sie werden dich noch mehr Wertschätzen, wenn du deine Persönlichkeit entfaltet hast und ganz du selbst bist.

Das spüre ich jetzt.

Als ich 16 Jahre alt war hätte mir niemand ein x vor ein u machen können und ich hätte mich niemals gegen meine Überzeugung und meine Prinzipien gestellt.

Und dies habe ich nun mühsam wieder gelernt.

Aber ich spüre auch, dass ich noch stärker als früher bin.

Das war der Vorteil der Transformation.

Und ich bin sehr dankbar dafür.

Wir können „mal" einen Kompromiss eingehen, aber nie wieder auf unsere Kosten.

Und mir Kompromiss meine ich, wenn dich jemand fragt, ob du für ihn einkaufen gehen kannst, dann überlege, ob du es zeitlich schaffst, ob du es von dir aus willst und dann kannst du, wenn es dir dein Bauchgefühl bestätigt tun.

Wenn nicht, dann nicht.

Das wirst du noch öfter von mir hören, aber

DU BIST DER WICHTIGSTE MENSCH IN DEINEM
LEBEN.

Das kannst du dir gleich mal auf die Fahne schreiben.
Keiner und wirklich keiner, kann sein Leben für dich
leben, außer dir.
Und du hast das Beste verdient.
DU...
Nicht deine Familie, nicht deine Freunde, nicht deine
Kinder, nicht deine Dualseele... NEIN!!!
Nur du.
Erst kommst du, dann eine Weile nichts, dann du und
dann die Anderen.
Und du wirst auch sehr genau überlegen, wer nach dir in
deinem Leben den nächsten Platz einnimmt.
Meine Freundin und eine meiner ersten Spiegel sagte in
meiner schwersten Transformationszeit zu mir „Ohne
dich wird die Welt auch nicht unter gehen".
Das war für mich erst mal ein Schlag in die Fresse, aber
sie hatte Recht.
Die anderen, denen ich immer meine Hilfe anbot und die
immer nahmen, mussten nun allein zurechtkommen und
fingen sogar an, meine Hilfe ab zu lehnen.
Am Anfang fühlte ich mich „echt allein gelassen und
nicht gebraucht".
Aber das war der Fehler in meiner Denkweise.

Klar brauchten sie mich, aber als gesunden und vollständigen Menschen.

So wie ich in der Phase war, war ich krank und vollkommen, entfernt davon, für sie überhaupt „da sein zu können".

Und nun kommt das irrst, „Du wirst nur von einem Menschen gebraucht und das bist du selbst"!

Wir neigen immer dazu für andere alles zu tun, aber nie auf uns selbst zu achten und das ist der vollkommen falsche Weg.

Deshalb, achte auf deine Spiegel.

Sie weisen dich zwar zurecht, aber sie zeigen dir auch deinen Weg.

Als ich dies erkennte, ließ ich den Kontakt zu meinen Spiegeln nur noch in Etappen zu und nur dann, wenn es mir wirklich „gut" ging.

Ich achtete mehr auf mich selbst und wusste nun meine Spiegel ein zu schätzen.

Die ersten Treffen waren immer noch schmerzhaft, weil ich noch vieles zu verarbeiten hatte, aber ich merkte die Veränderung und stand nun in Resonanz mit mir selbst.

Und nach ein paar Wochen merkte ich schon, dass ihre Worte mir kaum noch weh taten.

Und Stück für Stück verschwanden auch einige Spiegel aus meinem Leben.

Ich hatte meine Aufgabe erfüllt und dazu gelernt.

Was mir in dieser Zeit auch sehr half waren Meditation CDs um „negative Gefühle in Freude umwandeln", Ängste zu transformieren und mein Selbstbewusstsein wieder auf zu bauen.

Ich lass Bücher und so gestärkt, baute ich auch mein Selbstbewusstsein wieder auf.

Als ich meine Dualseele erkannte, wusste ich erst gar nicht, wie mir geschah.

Ich war total verwirrt und bat das Universum um Antworten.

Und die bekam ich auch.

Durch „Zufall" kam ich in Internetgruppen, die mir nie aufgefallen waren, sah ich Bücher, die mich auf das Thema aufmerksam machten und ich lernte die „Werke von zwei Menschen kennen", die mir durch diese Zeit sehr halfen.

Ich recherchierte sehr viel und sah mir sämtliche Videos bei YouTube an, die mit Dualseelen, „Syndromen", Seelenpartnern und anderes an, die mit meiner Situation zu tun hatten und die Meisten von denen waren echter Schrott.

Wenn ich mir einen Staubsauger kaufen will, will ich einen Staubsauger und nicht das Ganze Geschäft kaufen. Aber ich fand diese beiden Menschen, deren Videos sehr aufschlussreich und hilfreich waren.

Sie haben beide eine sehr unterschiedliche Herangehensweise, aber ergänzend waren beide für mich optimal.

In den Videos von Amanda Trachsel lernte ich, was die Grundlagen der Dualseelenverbindung sind, wie beides in einander spielt, welche Rolle der Herzmensch hat und vieles mehr.

Jedes einzelne Video und ihre Facebook Gruppe „Liebeskummerpraxis", war sinnvoller und nützlicher, als die meisten Bücher, die ich zu all den Themen fand.

Amanda Trachsel

Als ich das erste Video von Amanda Trachsel sah, war ich absolut von ihrer Ausstrahlung und Stärke fasziniert. Was ich aber an ihr und ihren Videos genau so faszinierend fand und finde ist, das sie immer, jede Aussage oder Frage, perfekt auf den Punkt trifft.

Egal ob es um die „Verletzungen der Dualseelen", „7 Stufen Dualseelenprozess" und alle anderen Fragen über Dualseelen geht, du wirst von ihr immer eine passende und richtige Antwort bekommen.

Auch grade beim Thema „Grenzen setzen" und „Energien der Dualseelen" hat sie mir sehr weiter geholfen.

In ihrer Liebeskummerpraxis habe ich auch einen sinnvollen Austausch mit Menschen gefunden, die den gleichen Weg gehen.
Der Evoluschen Key, den sie entworfen hat und anbietet, kann für dich eine super Möglichkeit sein, von Anfang an den einfacheren Weg zu gehen.

Als mein Dualseelenprozess anfing, gab es dies leider noch nicht.
Umso besser ist es für dich jetzt dieses Wissen zu nutzen und deinen Weg leichter zu bestreiten.
Ich selbst bin sehr dankbar über ihre Hilfe und auch darüber, dass ich dadurch viel mehr verstehe.

Martin Uhlemann

„Egotransformation" und „das innere Kind heilen" sind zwei sehr wichtigsten Punkte der Dualseelentransformation.

Das innere Kind zu heilen war eines der Ersten Punkte, die ich in meiner Transformation umsetzte, um überhaupt mein Ego zu erkennen und meine Opferrolle – Täterrolle zu verlassen.
Und genau so, wie Martin Uhlemann es in seinen Videos super erklärt

„DU BIST DIE RETTERIN IN DEINEM LEBEN".

Es wird kein Märchenprinz bei dir anklopfen und fragen, ob er deine Probleme lösen kann.

Das kannst nur du allein.

Und deshalb empfehle ich dir seine Videos, weil sie mir auf meinem Weg sehr geholfen haben und mir immer wieder vor Augen gehalten haben, wo meine Defizite liegen.

Vieles davon wirst du nur langsam verändern können, aber jeden Tag ein Stück, bringt dich deinem Ziel näher.

Und das ist es, „frei zu sein".

Frei von Ängsten, frei von falschen Glaubenssätzen, frei von den Belangen anderer.

Am Anfang meiner Transformation habe ich auch ein Buch geschrieben, welches den Titel „Falsche Glaubenssätze" bekommen hat.

Dieses Buch handelt von meinem inneren Zwist „Mutter – Vater und Co.".

Ohne das Heilen deiner Vergangenheit wirst du nie in der Gegenwart ankommen.

Deshalb ist dies so wichtig.

Und glaube mir, wenn du dies in deinem Leben geklärt hast, wird eine riesen Last von deinen Schultern gefallen sein.

Und genau so verhält es sich auch zu deinem EGO.

Aber das lasse ich die lieber von Martin Uhlemann erklären, denn wie ich das gelöst habe, kann ich dir leider nicht beantworten.

Das geschah bei mir „irgendwie nebenbei".

Was mir an Martin Uhlemann besonders gefällt ist, dass er mit „Zahlen, Daten, Fakten" alles auf den Punkt bringt.
Und somit waren die Videos auch sehr aufschlussreich für mich.
Und ich bin mir sicher, dass sie dir auch bestens weiter helfen werden.
Danke, für diese großartige Hilfe.
Auch Martin Uhlemann bietet Hilfestellung auf deinem Transformationsweg an.
Dazu möchte ich mich bei Amande Trachsel und Martin Uhlemann noch einmal recht Herzlich bedanken, dass ich sie in meinem Buch mit erwähnen durfte. Danke

Hummel

Als meine Transformation so gut wie abgeschlossen war, bekam ich für meine Prüfung eine „Helferin" zur Seite gestellt.
Oft ist es so, das dir Karmische Partner zur Seite gestellt werden, aber da ich keine körperliche Nähe zu anderen Menschen zulassen konnte und wollte, bekam ich „einen kleinen Engel" geschickt.
„Durch Zufall" bemerkte ich im Internet eine Anzeige.

Ohne danach gesucht zu haben und ohne darüber nach zu
denken, klickte ich auf die Anzeige und schrieb ein paar
Zeilen da hin.

Die gute Frau meldete sich auch kurzer Hand später
zurück und ein paar Tage später fuhr ich sie Besuchen.

Ich dachte mir, wenn ich da hin fahre, kann ich mir noch
eins raus suchen und legte den Termin auf den Selben
Tag, nur vorher.

Ich fühlte mich zwar nicht allein, ganz im Gegenteil, aber
das Schicksal schien mich wie von Zauberhand zu leiten.

Als ich den ersten Termin wahr nahm, schaute mich ein
kleines Hündchen an, lieb, frech und total lebhaft, was
für diese Rasse normal war.

Es war ein 5 Monate alter Terrier Rüde, dessen Besitzer
ihn leider abgeben mussten.

Nach einem kurzen Gespräch fuhr ich zu meinem
nächsten Termin.

Als ich vor dem Haus ankam, wo ich das zweite
Hündchen besuchte, überkam mich ein eigenartiges
Gefühl.

Ich wusste, dass wenn ich das Haus betreten würde (und
davor hatte ich etwas „Angst"), das meine Entscheidung
klar wäre.

Und so kam es auch.

Ich betrat das Haus und sah sie.

Klein, fast nackt, zerzaust, ängstlich, ablehnend und
desillusioniert.

Sie war, wie mein Spiegelbild zum Anfang der Transformation.

Trotz allem, dass ich in meiner Transformation so weit war, sah ich in ihr meine Zerbrechlichkeit.

Es war Schicksal, dass das Universum mir dieses kleine Bündel schenkte.

Das war mir von der ersten Sekunde an klar.

Sie kam aus dem Tierschutz, aus einem anderen Land.

Ihre Haut war über und über mit Narben übersät, die dadurch sichtbar geworden waren, weil man ihr das Fell komplett abscheren musste, durch den Filz und die Schmerzen, was es ihr verursachte.

Nach dem ersten kennen lernen hatte ich zwei Wochen Zeit meinen Garten und mein Haus auf vorder man zu bringen, denn das würde entscheiden, ob sie bei mir einziehen durfte, oder nicht.

Und das tat ich auch, ohne darüber nach zu denken.

Ich machte einfach.

Der Elan, den ich in den zwei Wochen an den Tag legte war enorm.

Ich erkannte mich kaum wieder, aber ich fühlte mich gut dabei, also war es richtig.

Schicksal oder Zufall?

Auf jeden Fall durfte die kleine „Hummel" drei Wochen später an einem 22igsten einziehen.

Nach wenigen Tagen war Hummel so aufgeweckt wie nie zuvor.

Sie sprang, rannte und tanzte.

Ja, sie zeigte mir ihren kleinen Teddybärentanz, der so lebendig und niedlich war und ist.

Von ihren Depressionen war nichts mehr zu merken und langsam fasste sie auch Vertrauen sich neben mich zu legen, sich problemlos anfassen zu lassen und sich an zu kuscheln.

Aber ihre Krankheiten, die sie mit gebracht hatte, machten ihr immer wieder zu schaffen und so hatte ich oft das Gefühl, das es ihr sehr schlecht ging.

Aber sie war so stark und nun wieder glücklich.

Nach zwei Monaten war Hummel so schwer krank, das ich das Gefühl hatte, das sie mir unter den Händen weg stirbt.

Ich kümmerte mich so gut um sie, wie ich konnte und nach drei Wochen war alles überstanden und Hummel wieder fit und gesund.

So überstanden wir jede Hürde, egal wie schwer sie zu nehmen war.

Was mich das Universum damit lehren wollte war, das ich meine Verlustängste nun ein für alle Mal begraben sollte.

Denn das war meine größte Angst, die ich zu überwinden hatte.

Der „Verlust" von den Menschen, die mir wichtig waren.

Da ich in meinem Leben oft vom Tot begleitet wurde, hatte sich diese Angst so in mir breit gemacht, das ich genau aus diesem Grundverständnis heraus, loslassen lernen musste.

Und es ist jetzt für mich normal und logisch, aber erst, seit dem ich es gelernt habe.

Alles in diesem Leben ist nur geliehen.
Es ist egal, ob es unser Partner, unsere Freunde, unser Haus, unsere Auto oder was auch immer es ist.
Es wird uns alles nur geliehen.
Wenn wir irgendwann sterben, können wir nichts davon mitnehmen und selbst wenn wir unsere Seelen, unsere Seelenfamilie nie verlieren werden, sind sie in diesem Leben nur unsere Begleiter und nur geliehen.
Das ist auch einer der Punkte, warum viele Beziehungen nicht funktionieren.
Sobald, zumindest ist es bei den meisten Menschen so, wir eine Beziehung beginnen denken wir, bewusst oder unterbewusst „der ist MEINE".
FALSCH.
Wir sind alle eigenständige Menschen, jeder für sich.
Durch das „meins" denken entwickelt sich eine Abhängigkeit und aus der Abhängigkeit entwickelt sich die Verlustangst.
Diesen Fehler machen die meisten Menschen.
Dieser Mensch gehört „zu uns" oder „ist an unserer Seite", wäre dagegen die bessere Formulierung.
Man fühlt sich zugehörig, aber nie als Besitz von jemandem.
Das führt nur zu Spannungen und das braucht keiner.
Wer will schon in einem Abhängigkeitsverhältnis leben?

In einer Beziehung sollte es wie in einer Freundschaft sein.

Zwei ebenbürtige unabhängige Menschen, die sich auf Augenhöhe begegnen und zu einander Gehören.

Egal ob Beziehung oder Freunde, das Prinzip ist das gleiche.

Jeder Mensch hat das Bedürfnis zu jemandem dazu gehören zu wollen, aber eine Beziehung kann nur wachsen und gedeihen, wenn beide unabhängige Individuen bleiben.

Jeder lebt sein Leben und beide mit einander.

Ich hoffe, du kannst meinen Worten folgen.

Sei du selbst und nimm dich als der Mensch an, der du bist.

Ein Partner ist toll, aber ich drück es mal hart aus „nur schmückendes Beiwert".

Nur wenn beide sich frei entfalten können, können sie alles für einander sein und mit einander erreichen.

Eine Partner, der sich an dich klammert wie eine Klette... wer will das?

Außerdem ist klammern ein Zeichen von Bedürftigkeit und niemand will einen „Bedürftigen Partner".

Auch du nicht.

Also, AUF AUGENHÖHE UND UNABHÄNGIG!!!

Aber das wirst du nach deiner Transformation auch so sehen.

Glaub es mir.

Aber noch was Lustiges.

Tiere haben ein absolutes Gespür für Menschen.

Hummel mag nur ganz wenige Menschen.

Meine Dualseele mochte sie sofort, meine Twinseele wollte sie sofort vom Grundstück beißen... Zufall.... Ich glaube nicht ...

Meditationen und Hypnose

Meditationen und Hypnosen gibt es, wie Sand am Meer. Hierbei kommt es darauf an, dass du dir genau das raus pickst, was für dich stimmig klingt und so anfühlt.

Im Laufe meiner Transformation habe ich etliche ausprobiert, aber immer darauf geschaut, was mich eventuell weiter bringen könnte.

Ich wusste zwar nach einer Weile, worum es ging, aber das Umsetzen musste ich erst lernen.

Was mir von Anfang an wichtig war, war es, mein Selbstbewusstsein und Selbstwertgefühl wieder auf zu bauen.

Dazu habe ich auch einige Meditationen genutzt, aber auch Bücher und Affirmationen.

Auf die Affirmationen gehe ich zum Ende des Buches noch genauer ein.

Also, Meditationen gibt es für die verschiedensten Bereiche und hier greife ich gern auf frei verkäufliche CDs zurück, da bei den Meisten Internetforen die besten

Meditationen oft gelöscht werden und das ärgert mich total.
Eine CD hab ich und kann sie immer wieder anhören.

Für mich waren Meditationen und Hypnose für Folgende Bereiche wichtig:

- Entspannung
- „negative Gefühle in Freude verwandeln"
- „Ängste abbauen" (Verlustängste)
- Selbstbewusstsein und Selbstwertgefühl aufbauen
- Meinen Weg finden, Fertigkeiten und Fähigkeiten herauskristallisieren
- Gelassenheit und innere Ruhe finden
- Liebe zulassen und neu entdecken
- Chakren öffnen
- Das dritte Auge öffnen
- Bewusstseinserweiternde Hypnosen
- Innere Heilkräfte aktivieren
- Ziele fokussieren

Was auch immer dich auf deinem Dualseelenweg bedrückt, wenn du keine Lösung findest ist es oft sinnvoll eine Meditation zu machen.
Im Laufe der Transformation lernte ich Meditationen und Energieausgleich innerhalb weniger Minuten erfolgreich zu praktizieren.

Für mich war es am nutzbringendsten die Meditationen zweimal am Tag zu machen.

Es gab auch Tage, an denen ich mich nur auf die Meditationen konzentrierte, weil ich dadurch ruhiger wurde, mehr Kontakt zu meinen Bedürfnissen und Emotionen aufbauen konnte und Kraft tanken.

Im Durchschnitt wandte ich ca. 30 Minuten am Tag für meine Meditationen auf.

10 Minuten am Morgen und 20 Minuten am Abend.

Hierbei ist es wichtig, dass du dir die Meditationen raus suchst, die dir gut tun.

Ich habe auch oft zwischen drei verschiedenen Meditationen gewählt.

Zum Beispiel für den Morgen eine „Morgen" oder „Guten Tag" Meditation und zum Abend eine „Entspannungs- oder Einschlafmeditation".

Dies tat ich, bis ich so weit war, jeden Tag eine Selbstbewusstseins Meditation dazwischen zu setzen oder gegen eine andere aus zu tauschen.

Versuch es einfach.

Du wirst merken, wie gut dir das tut und wie befreiend manche Meditationen auf das Unterbewusstsein wirken.

Alles aber immer unter der Prämisse „Erzwinge nichts".

Auch wenn es sich grad doof anhört, aber auf das Thema gehe ich gleich noch ein.

Ich begann damit, weil mir meine Schlafstörungen jeglichen Nerv und Kraft raubten.

Klar, wenn es nicht anders geht ist es immer besser einen Facharzt zu Rate zu ziehen, aber Schlafstörungen sind in dieser Transformationsphase normal.

Schlafprobleme

Es ist egal, ob es um das Einschlafen, durchschlafen oder lange schlafen geht.

In der Dualseelentransformation ist dies leider normal.

Ich hatte in meiner Transformationszeit immer mit Schlafstörungen zu kämpfen und das so lange, bis mein Kopfmensch mit dem ersten Teil der Transformation durch war.

Aber nach einer Weile konnte ich besser damit umgehen und die Schlafstörungen für mich nutzen.

Als ich aufhörte dagegen an zu kämpfen, brauchte ich auch keine Hilfsmittel mehr, aber zu Anfang waren sie unverzichtbar.

Schäfchen Zählen half mal so gut wie gar nicht, weil jedes Schäfchen zu einer neuen Frage wurde und das Hirnrattern nie aufhörte.

Aber ich hab einen Weg gefunden, um es für mich in den Griff zu bekommen und dieses verrate ich dir jetzt in verschiedenen Schritten.

Bei uns Dualseelen Herzmenschen geht es auch darum, die innere Ruhe her zu stellen, los zu lassen, geduldig zu sein und vor allem auf unsere Bedürfnisse zu hören.

Und das ist manchmal schwerer, als man denkt.

Klar gibt es zum Einschlafen verschiedene Meditationen, wo manche echt gut sind, aber wenn der Kopf durchgehend rattert ist es schwierig, ihn zur Ruhe zu zwingen.

Und hier heißt es wirklich „zwingen".

Aus eigener Erfahrung kann ich sagen, dass bei diesem Dualseelenprozess die Gedanken wie ein Uhrwerk rattern und man das Gefühl hat, neben einer Kirchenuhr zu schlafen.

Die Lautstärke der Gedanken ist enorm.

Auch wenn es altmodisch ist, aber Kamille, Baldrian und Lavendel als Tees sind zwar nicht meine Favoriten, aber sehr wirksam.

Wer es lieber mag, kann auch jeden Abend vor dem schlafen gehen einen heißen Kakao oder Milch trinken.

Suche dir ein Getränk, welches dir besonders gut schmeckt und mache dies zu deinem Abendritual.

Es gibt nur wenige Ausnahmen, die nicht geeignet sind wie Kaffee, Energiegetränke und Alkohol.

Aber auch beim Schlafen kommt der Aspekt zu tragen „nichts Erzwingen".

Wenn du nicht einschlafen kannst oder zu früh aufwachst, dann schau dir einen Film an, ließ ein Buch oder mach den Haushalt.

Mach Musik an, singe und tanze.... aber achte auf deine Nachbarn.

Es wird dir alles helfen, was dich ablenkt und wenn es stricken oder basteln ist.

Hauptsache es reißt dich aus deinen Gedanken.

Hier ist es auch sinnvoll, wenn du deine Gedanken auf etwas anderes fokussierst.

Ich hab mir in der Zeit hin und wieder ganz banale „Hörspiel CDs" zugelegt und mich genau auf den Text der Geschichten konzentriert.

Je langweiliger, umso besser.

So schaffte ich es, mich kurze Momente ab zu lenken und die Müdigkeit kam schneller „zurück".

Es gibt nur einen Rat noch, den ich dir unbedingt geben muss.

Und es wird dir bestimmt schon zum Hals raus hängen, aber Alkohol und Drogen sind NICHTS, was dich in der Transformationszeit weiter bringt, ganz im Gegenteil.

Es ist ein total beschissenes Gefühl, wenn du die ganze Nacht wach liegst und dir der „Müll" den Kopf noch mehr vernebelt, denn das bringt deinen Kopf noch mehr zum rattern.

Am Abend in einer gemütlichen Runde, „mal" ein Glas Wein ist vollkommen okay, aber auch in der Anfangsphase der Dualität bis zur dritten Stufe kann es dich sehr zurück werfen.

Was mir hingegen sehr geholfen hat war es, ein „Tagebuch und Traumbuch" zu führen, denn so konnte ich vieles nachvollziehen und lernen zu verstehen.

Durch das Schreiben bekommst du außerdem deine Gedanken etwas frei und denkst zwar daran, aber ohne darüber nach zu denken.

Das ist auch ein wichtiger Aspekt.

Wenn du an ihn denkst tue es, ohne über ihn nach zu denken.

Sobald du anfängst über ihn nach zu denken, grade in der Anfangszeit, spielst du ihm nur deine Energie zu.

Es ist doch aber das Gegenteil von dem, was du willst.

Du willst deine Energie bei dir behalten.

Wenn du an ihn denkst, ohne über ihn nach zu denken, dann bleibt die Energie trotzdem bei dir.

Beispiel:

Denke an eine grüne Vase in der eine rote Rose steht.

Was passiert?

Grüne Vase, rote Rose. Fertig.

Denke an die grüne Vase mit der roten Rose.

Was wäre, wenn diese Rose, deren Knospe noch zu ist jetzt anfangen würde zu blühen.

Die Blütenblätter gehen langsam auf und entfalten ihre volle Pracht.

Ein betörender, sanfter Duft umschmeichelt deine Nase.

Und Plötzlich kriecht ein Käfer aus einem der Blütenblätter raus, beißt hinein…

Und sofort ist die Rose welk und zerfällt.

Verstehst du, wie das Denken deine Dualität verändert?

Also, jedes Mal, wenn du an ihn denkst, dann denke

Rose, Käfer, PFUIIIIII.

Ein schöner Spruch, den ich mal irgendwann gelesen habe und der mir sehr half war

„LOSLASSEN BRINGT GELASSENHEIT"

Und das stimmt wirklich.

Warum festhalten?
Das ist wie mit einem Eis.
Wenn du es die ganze Zeit in der Hand hältst wird es auch nicht besser, ganz im Gegenteil, es schmilzt dir in der Hand weg.
Wenn du es aus der Hand und ins Gefrierfach packst, wird es dir erhalten bleiben.
Ganz einfach.

Innere Ruhe finden, Selbstwertgefühl aufbauen, positive Affirmationen

Was will ich – was bekomme ich?

Es gibt ein paar Grundeinstellungen, die du sehr schnell erkannt haben wirst.

Das, was du in deinem Leben manifestieren möchtest, musst du zum einen Fokussieren, Fühlen und Loslassen, aber zum anderen ist die Grundeinstellung sehr wichtig.

Wenn ich in meinem Leben mehr Lieben haben möchte, muss ich zuerst liebend sein, um diese Liebe an zuziehen. Das ist eine Grundeinstellung, die dir auch den Kontakt zu deinen inneren Wünschen und wirklichen fühlen ermöglicht.
Hier spielt das Gesetz der Resonanz eine große Rolle.
Wenn ich in meinem Leben Reichtum haben möchte, muss ich erst lernen, „reich zu denken", und „du musst dich reich fühlen".

Wenn ich mich schön und sexy fühlen möchte, denn ist es wichtig zu wissen, wie ich sein will.
Das klingt jetzt zwar ein bisschen widersprüchlich, aber ich erkläre es dir an Hand meines Beispiels.

Als ich in der ersten Phase der Transformation war, fühlte ich mich Fett, Hässlich, Ungeliebt....
Und es hätte mir nichts gebracht, wenn ich mir die schicksten Klamotten angezogen hätte, weil ich es nicht fühlen konnte.
Ich sah im Spiegel „nur" mich und nicht, was hinter meiner Fassade steckte.
Ich machte Selfies und schaute in den Spiegel, aber das Bild war grau.

Eine kleine graue Maus ohne Farbe.

Ich hätte auch ein „Schwarz - Weiß" Bild machen können.

Das wäre aufs Gleiche raus gekommen.

Erst, als ich begann, mich so an zu nehmen, wie ich war, konnte ich meinen Fokus auf den Menschen lenken, der ich sein wollte und der ich wirklich bin.

Ich bin bunt.

Und jetzt sehe ich im Spiegel „MICH".

Mein wahres ICH ist zum Vorschein gekommen und es hat ALLE Farben und ich bin stolz darauf.

Und so wurden auch die Bilder von Woche zu Woche schöner, mein Strahlen immer heller und heute kann ich in Lumpen auf die Straße gehen und leuchte mehr denn je.

Es ist die innere Einstellung, das Selbstbewusstsein und deine eigene innere Kraft, die dich strahlen lässt.

Und nun war es auch sinnvoll den Kleiderschrank aus zu misten und neu zu bestücken, weil ich jetzt wusste, wer ich war und sein wollte.

Das wusste ich aber auch erst, als ich meine Transformation fast beendet hatte.

Aber auch hier gilt, „Alles geschieht zur richtigen Zeit".

Mach dir keinen Druck.

Es kommt „fast" von ganz allein …

Ich bin ganz bei mir und in meiner Mitte

Als meine Transformation begann, wusste ich noch nicht einmal mehr, wie „innere Ruhe und in seiner Mitte sein" geschrieben wurde.
Auch was mir früher sportlich so einfach von der Hand ging, war nun unmöglich.
Ich hatte mein inneres Gleichgewicht verloren und das wirkte sich auch auf meinen Körper aus.
Ich konnte mir noch nicht mal mehr die Hose anziehen, ohne mich irgendwo festhalten zu müssen.
Irre, aber war so.
Es gab auch bei mir, in der Transformationszeit Tage und Momente, in denen ich keine Kraft hatte, meine Energiekugel gleich zu erschaffen, weil mein Kopf viel zu voll mit Gedanken war.
In diesen Momenten musste ich mich erst einmal wieder auf mich besinnen, meine Gedanken und Atmung runter fahren und mich gedanklich neu orientieren.
Das schaffte ich, indem ich mich ruhig hin setzte und mir den Satz sagte
„Ich bin ganz bei mir und in meiner Mitte".
Das mag sich ziemlich einfach anhören, aber wenn deine Gedanken nur um ihn kreisen ist es notwendig und schwierig, diese Technik um zu setzen.
Das braucht Übung und Zeit.

Später suchte ich mir oft nur ein Wort, welches ich ein- zwei Minuten vor mir her sagte und fokussierte mich neu.

Dies ist das Beispiel mit der Sonnenblume.

Dazu habe ich aber noch einen Tipp.

Suche dir als Wort, einen Gegenstand oder eine Pflanze aus, der dir gut tut, aber kein Lebewesen.

Und auch nichts, was du mit ihm in Verbindung bringen könntest.

Wenn du anfängst deine Energie auf etwas anderes zu richten darf es nichts sein, was „zerbrechen oder kaputt gehen" kann.

Diese Energie ist schwer wieder ab zu fangen, wenn das Lebewesen irgendwann verschwindet.

Ich hatte mich bewusst für Blumen entschieden, da ich die Natur liebe und so konnte ich, als ich meine Gedanken umgelenkt hatte, meine Energiekugel wieder errichten.

Als Beispiel, warum ich keine Lebewesen nehmen würde:

Wenn du zum Beispiel dein Haustier oder einen anderen geliebten Menschen dir als Gedankenpool aussuchen würdest, würdest du all deine Emotionen auf dieses „Wesen" lenken, was im ersten Moment nicht schlimm ist.

Stirbt dieses „Wesen" aber zum Beispiel in der Transformationsphase, würdest du die ganze „negative Energie" doppelt und dreifach zurück bekommen.

Das ist natürlich der Extremfall, aber schon alleine die Tatsache, dass Tiere sowieso unsere Emotionen sehr stark wahr nehmen genügt.

Damit würden wir dem Tier auch keinen Gefallen tun.

Pflanzen, Porzellanfiguren, Dekozeugs, eine Farbe....

Und wenn es die Kaminvase ist...

Such dir einfach etwas, was dich mit Freude erfüllt.

Wenn du gelernt hast deine Gedanken „Überwiegend" zu kontrollieren, wird dir alles andere auch sehr viel leichter fallen.

Erzwinge NICHTS!!!

Ich hatte in meinem Dualseelenprozess, grade in den ersten 2 Phasen, sehr viele Tage dabei, an denen ich mich nur verkrochen habe.

Grade an den Tagen, wo ich die Nacht zum Tag machen musste, weil mir meine Schlafstörungen den letzten Nerv raubten und ich das Rattern aus meinem Kopf einfach nicht raus bekam.

Was ich für mich verwunderlich fand war, das ich mich nie gefragt habe, was er macht oder „über ihn nachgedacht habe, aber ich dachte pausenlos an ihn.

Denken, ohne darüber nach zu denken.

Dies zu überwinden ist mit das schwerste für mich gewesen, denn das habe ich bis zum heutigen Tag nicht geschafft.

Das Denken wird irgendwann ruhiger, aber das „Bild"
bleibt.

So muss man sich das in etwa vorstellen.

Ich kann meine Gedanken mittlerweile kontrollieren und
sehr weit zurück setzen.

Auch ist das Gefühl zu den Gedanken sehr ruhig und
ausgeglichen, aber jeder Gedanke wird von seinem Bild
in meinem Kopf begleitet.

Ich schaffte es am Anfang der Dualseelenverbindung
auch nicht mehr zu arbeiten, weil sich die Gedanken und
Gefühle zu einer ausgewachsenen Depression entwickelt
hatten.

In dem Moment empfand ich es als sehr schlimm, was
ich aber im Prozess des Loslassens überwand und bis
zum Ende der Transformation komplett auflöste.

Aber auch in diesen Momenten heißt es „Erzwinge
nichts".

Ich hatte in der Zeit bewusst meine Ansprüche und
meinen Lebensstil auf ein Minimum herunter gefahren
um mir die Zeit nehmen zu können, mich um mich zu
kümmern.

Und das solltest du auch tun.

Nimm dir so viel wie möglich Zeit für dich selbst.

Ich habe es in dieser Zeit auch so gemacht, dass wenn ich
keinen Menschen sehen wollte, ich alles verschlossen
und die Klingel abgestellt habe, um für mich zu sein.

Wenn ich mich „Kraftlos" gefühlt habe, hab ich mir etwas Leckeres zu Essen gemacht und meine Zeit mit lesen, meditieren und guter Musik verbracht.

Was mir auffiel war, das immer, wenn ich auf mein Bauchgefühl gehört habe, es mir sehr schnell wieder besser ging.

Ich habe einfach losgelassen, weil ich in dem Moment an der Situation eh nichts ändern konnte.

Jedes Mal, wenn ich mich unter Druck gesetzt hatte, etwas erreichen zu „müssen", ging das Gedankenrasen wieder los.

So lernte ich auf mein Bauchgefühl zu hören und es wurde schnell besser.

Und das ist es, was ich auch dir rate.

Du wirst dir und deiner Dualseele keinen Gefallen tun, wenn du sprichwörtlich „In Fetzen" vor ihm liegst.

Tu immer das, was dir gut tut und nutze diese Einstellung auch für dein späteres Leben, wenn du transformiert bist.

Wenn es dir gut geht, geht es auch deinen Mitmenschen gut, denn das strahlst du auch unterbewusst aus.

Du bist der wichtigste Mensch in deinem Leben und du hast das Beste für dein Leben verdient.

Höre auf das, was dir dein Bauchgefühl sagt.

So fällt es dir leichter und dein Weg wird sich „automatisch" ebnen.

Wie gesagt, du hast das Beste für dein Leben verdient und wenn nicht du, wer dann???

Und NEIN…

Deine Dualseele ist in diesem Moment die falsche Antwort.

Er wird sich später erst beweisen müssen, ob er wirklich DAS BESTE für sein Leben verdient hat, nämlich DICH!!!

Wenn du für dich gesund, glücklich und zufrieden bist, werden es andere auch sein und grade deine Dualseele wird er spüren.

Wenn es dir gut geht und du mit dir im Reinen bist, hat er keine andere Möglichkeit, als mit zu ziehen.

Nur so kann er seine Dualität spüren und in die Hand nehmen.

Wenn du als Herzmensch nicht auf dich achtest, wird er auch niemals auf sich achten.

Also ab jetzt...

1. DU bist der WICHTIGSTE Mensch in deinem Leben
2. Ab jetzt tust du nur noch das, was DIR GUT TUT
3. Denke an DEIN WOHLBEFINDEN und handle danach
4. Und KEINE AUSREDEN, einfach machen!

Der Rückzug

„Hoffentlich zieht er sich nicht zurück".
Am Anfang meiner Dualseelenbegegnung habe ich auch
so gedacht, aber das war der falsche Gedanke.
Auch wenn ich hier nun mal ein „Ausnahmeexemplar"
sein sollte, habe ich mich zuerst zurück gezogen, weil
mich diese Wahnsinns Emotionen einfach aus den
Latschen gehauen haben.
Im Laufe der Jahre stumpft man immer mehr ab, mit
jedem Schlag, der einem in der Liebe zugesetzt wird,
wird man vorsichtiger und versucht sich vor weiteren
Verletzungen zu schützen.
Meiner Dualseele ging oder geht es genauso.
Da ich der oder mehr der Herzmensch bin, kann ich es
aber auch verstehen.
Deshalb habe ich mich als erstes zurück gezogen.
Aber ich weiss auch, dass er sich unbewusst genau so
zurück gezogen hat und das war vollkommen richtig.
Es ist einfach der Respekt, den anderen so zu akzeptieren
und so sein zu lassen, wie er ist, damit er sich frei
entfalten kann.
Und ich kann dich sehr gut verstehen.
Wenn man seine Dualseele „erkennt" entsteht eine
unbändige Sehnsucht, ein unbändiges Verlangen, diesem
Menschen nahe sein zu wollen.

Aber stell dir nur mal vor, dass ihr genau an diesem Punkt zusammen gekommen wärt.

Grade du als Herzmensch wirst verstehen, vielleicht auch erst etwas später, das er dein Herz innerhalb von Sekunden hätte „zerfetzen" können und das nicht mutwillig oder bösartig, nein, es wäre automatisch passiert.

Wie soll man sich vor einem Orkan „schützen", wenn einen schon eine leichte Brise umwehen kann.

Ganz genau, gar nicht.

Und deshalb ist diese Transformation so wichtig, damit du dich erkennst und deine Stärken erkennst und lebst.

Aber umgekehrt ist es genauso.

Auch wenn du es in dem Moment noch nicht sehen oder umsetzen kannst, hast auch du innere Werte und Stärken, die er in dem Moment nie akzeptieren könnte, weil er in seiner Transformation lernt, „Rücksichtsvoller und Liebender" zu sein.

Er muss auch erst verstehen und den Gedanken zu lassen, dass seine Beziehungen auf eine gewisse Art und Weise etwas oberflächlich waren und er muss erst verstehen, dass er das Beste in seinem Leben verdient hat.

Er denkt, dass er dies immer hatte, aber die Emotionen, die du in ihm auslösen kannst, sind genau die Emotionen, die du selbst fühlst.

Und das ist bei jedem Herzmenschen grenzenlose Liebe. Auch bei dir.

Und wenn du selbst bei dir schon feststellst, wie überwältigend diese Gefühle sind, wie soll es ihm denn dann gehen?

Nimm immer Rücksicht auf dein Gegenüber und das betrifft nicht nur deine Dualseele, sondern jeden Menschen in deinem Leben.

Und welcher Mensch hat keine „Angst" davor einem Menschen zu begegnen, der ihm wirklich „Ins Herz schauen kann" kann?

Aber das ist eine der Gaben, der Dualseelen, wenn sie es zulassen können.

Und deshalb können Dualseelen sich nur getrennt voneinander entwickeln, weil sie sich sonst nicht entfalten könnten.

Das ich wie mit Schmetterlingen.

Sie haben ihre eigenen Evolutionsstufen und finden erst zu einander, wenn sie mit ihrer Verwandlung fertig sind.

Ihre Kokons können zwar neben einander hängen und ein Windstoß bringt beide kurz zusammen, aber die Entwicklung vollziehen sie allein.

Und so sind wir Dualseelen auch.

Und meine Transformation, da bin ich mit hundert prozentig sicher, ging auch deshalb so schnell, weil ich mich bewusst dafür entschieden hatte, „mein Ding allein durch zu ziehen".

Und das war auch ein Punkt, den ich aus meiner Vergangenheit mit genommen hatte und „bereinigen" musste.

Aber in dem Fall hat es mir sehr geholfen.

Mach „dein Ding" allein.

Natürlich gab es unzählige Tage, an denen ich ihm gern geschrieben hätte oder ihn gesehen, aber das hätte mich für mich nicht weiter gebracht.

Immer wenn du merkst, das eine Handlung in dir „Schmerzen verursacht", LASS ES SEIN!

Du tust dir keinen Gefallen damit, ganz im Gegenteil.

Klar bringen dich deine Emotionen dann wieder zu dir und deinen Empfindlichkeiten, aber genau diese gilt es zu transformieren.

Ich verrate dir dazu im Kapitel „Musik" noch einen Trick, der mir sehr geholfen hat.

Also, akzeptiere seinen Rückzug und kläre deine eigenen Probleme.

Du bist es dir Wert, dich liebevoll um dich zu kümmern und deinen Bedürfnissen deine volle Aufmerksamkeit zu schenken.

Musik

Eine wichtige und gute Hilfe kann für dich auch Musik sein.

Als ich lernen musste meine Ängste zu transformieren, kam ich oft an meine Grenzen, aber nach einer Weile, habe ich mich bewusst an den Rand meiner Grenzen gebracht.

Das soll jetzt nicht heißen, dass du das auch tun sollst, ganz im Gegenteil, aber ich habe mir in dieser Zeit eine Strategie zu Recht gelegt, die mir sehr Half.

Musik ist ein sehr mächtiges medium, welches unsere Emotionen fördern kann.

Ich legte auf meinem PC drei Ordner mit verschiedener Musik an.

Der erste Ordner bekam den Titel Liebe.

In den Ordner packte ich alle Lieder, die mich innerlich berührten und von liebe handelten.

In den Ordner packte ich auch die Lieder, die ich mit ihm oder in seiner Nähe gehört hatte.

Der zweite Ordner bekam den Namen „Tanzen und Sport".

Darin befanden sich nur Lieder, die rhythmisch schnell waren und kaum Text hatten und nichts mit Liebe, Gefühlen oder anderem Gefühlskram zu tun hatten.

Und der dritte Ordner bekam den Namen „Gute Laune".

Dieser Ordner bekam alle Lieder, die mir augenblicklich gute Laune versprachen.

Dabei achtete ich darauf, dass keine Liebesschnulzen oder Gefühlskram drin war, aber Lieder mit Text, die lustig waren und wo es Spaß machte, sie zu hören.

Als ich die drei Ordner fertig hatte, setzte ich sie gezielt ein.

Den „Tanz und Sport" benutzte ich täglich, um meine Gedanken frei zu bekommen und du wirst feststellen, wenn du über die schwierige Anfangsphase drüber bist, das es wirklich hilft und Spaß macht, einfach durch die Wohnung zu tanzen.

Da ich zu dem Zeitpunkt noch eine ziemlich faule Socke war, nutzte ich die Musik für Sport erst „Etwas" später…

Den „Gute Laune" Ordner nutzte ich auch jeden Tag, aber dazu muss ich sagen, dass es wichtig ist, immer dran zu bleiben.

Die Wirkung dieser Musik wird ein wenig brauchen, bis sie sich einstellt.

Grade am Anfang wird dir vielleicht nicht immer nach Musik sein und wenn es einem schwer fällt sich auf zu raffen, dann ist das einfach so.

Nichts erzwingen.

Du wirst selbst merken, wann dir diese Musik gut tut.

Aber der Dritte Ordner war der Heikelste und den zog ich nur in Etappen zu Rate, bis ich auf dem „richtigen Weg" war.

Es gibt kaum etwas schmerzhafteres, als Salz in eine Wunde zu streuen, aber das tust du in diesen Moment.
Mir war es wichtig, meine „schmerzhaften Gefühle" zu spüren, um sie transformieren zu können.
Das kannst du natürlich auch mit Bildern tun oder ergänzend, aber bitte erst, wenn dein Selbstbewusstsein ein wenig Aufwind bekommen hat.
Das ist zwar auf den ersten Blick absolut „zerstörerisch", aber es half mir, den Bezug zu meinen tiefsten Kratern auf zu bauen und diese liebevoll zu schließen.
Diese Methode empfehle ich dir erst an zu wenden, wenn du dich emotional schon ein wenig gestärkt hast und nur dann, wenn du spürst, das du bereit dazu bist.
Vertraue hierbei auf dein Bauchgefühl und nutze diese Technik „Weise". Bitte.
Es mag sich für dich im ersten Moment nicht schlimm anhören, aber ich weiß, wie schnell sich Gefühle vervielfältigen können und ohne eine gewisse innere Stärke kann dich diese Technik auch eins- zwei Tage zurück werfen.
Aber es gibt auch eine gute Nachricht.
Wenn du dich gefestigt hast und mit dir im reinen Bist, dann lege einen neuen Ordner an und kopier alle Lieder in diesen Ordner.
Wenn du alle Lieder durcheinander hören kannst, ohne zu weinen, ohne das Gefühl der Anspannung, ohne „negative Gefühle" dabei zu empfinden, dann bist du auf der Zielgraden. Versprochen.

Tanze den Tanz deines Lebens

Wenn die Transformation sich dem Ende zu neigt, wirst du merken, dass sich jede einzelne deiner Emotionen verwandelt hat.

Du wirst dich „Wie neu geboren" und lebendiger fühlen, als je zuvor.

Ich kenne das von mir, dass ich so wild, laut, stürmisch und selbstbewusst war, wie nie zuvor in meinem Leben.

Und mir war auch bewusst, dass ich bis zum Ende seiner Transformation noch mehr wachsen würde.

Ich begegnete meiner Dualseele zwar jetzt in Augenhöhe, aber ich wusste, das trotzdem in ein paar Punkten noch an mir arbeiten musste.

Aber ich war auch ruhig, gelassen, zufrieden mit mir und ausgeglichen.

Ich wusste, dass nun alles Gute in mein Leben kommen würde, egal wie.

Und das sah ich schon an Hand meiner Briefe, die ich bekam.

Zuvor waren es immer Rechnungen, Mahnungen und anderes Gedöns.

Nun waren auch schon mal Gutschriften und Checks dabei.

Das freute mich, denn meine letzte „Aufgabe", die ich noch nicht gelöst hatte war es, meine Finanzen und meinen Job auf die Reihe zu bekommen.

Und dazu war ich nun bereit.

Ich spürte die Lebensfreude und unbändige Energie in mir, die ich nie zuvor in meinem Leben gespürt hatte.

Und ich war frei.

Frei von Ängsten, frei von Sorgen, frei von Druck und frei von jeglichen negativen Gedanken und Gefühlen.

Natürlich wird dein Herz immer für deinen Gefühlsklärer schlagen.

Das empfinde ich zumindest so für mich und ich habe mittlerweile viele Dualseelenpaare kennen gelernt, denen es heute, nach Jahren immer noch so geht.

Ich glaube, das ist für Dualseelen selbstverständlich, auch weil die Energie zwischen Herzmensch und Kopfmensch so groß ist.

Aber der Druck fällt von dir ab und du kannst ohne nach zu denken einfach geschehen lassen, denn du hast dein „Schicksal" angenommen, egal wie es kommen mag.

Und der Druck „Ihn unbedingt haben zu müssen", ist komplett weg.

Du weißt, dass du eine unabhängige, starke und selbstbewusste Frau bist, die jeden Mann an ihrer Seite haben kann, den sie wollte.

Du weißt um deine Fähigkeiten und um all das, was du in deinem Leben erreichen WIRST.

Hier steht die Frage nicht mehr im Raum, ob du es schaffen kannst, du weißt, dass du es schaffen wirst.

Dies ist ein wunderbares Gefühl, denn du hast erkannt, dass dein Herz zwar über alle Maßen für deinen Gefühlsklärer schlägt, aber das du für dich die wichtigste

Person in deinem Leben bist und für dich das Beste
verdient hast und bekommst!

Das ist so.

Als meine Transformation zu Ende war und ich meinen
Gefühlsklärer wieder sah, wusste ich, dass er in Stufe 3
war.

Es war für mich sehr faszinierend zu sehen, wie gut er
sich entwickelt hatte und ich war froh, dass es ihm so
weit gut ging.

Aber ich wusste für mich auch, dass ich mit mir selbst
glücklich war.

Egal, ob er jemals an meiner Seite stehen würde oder
nicht, ich war glücklich.

Ich genoss das Gespräch mit ihm und wusste… „Jetzt ist
Party angesagt", natürlich im übertragenen Sinne.

Und wie so oft in der Transformationszeit, tanzte ich seit
dem her jeden Tag.

Ich war endlich wieder rebellisch, stark und einfach
lebendig.

Es ist ein Gefühl, als wenn einem 24 Stunden am Tag
„Die Sonne aus dem Ar… scheinen würde"

Und deshalb tanze, singe, male und freue dich über jeden
Augenblick mit dir selbst.

Du wirst deinen Gefühlsklärer „nie aus dem Herzen
bekommen", aber das Leben hat jetzt grade erst
begonnen.

Mache das Beste aus deinem Leben,
aber NUR FÜR DICH!

Traurigkeit

Dies war ein Gefühl, welches ich in meinem Leben immer perfekt verdrängt hatte.

Ich hatte schon früh gelernt, keine Schwäche vor anderen zu zeigen.

Ist zwar sehr ungewöhnlich für eine Frau, aber ich hatte schon in jungen Jahren die „Beschützer rolle" übernommen und so war dies für mich normal.

Als ich meine Dualseele das erste Mal emotional nah war, das war weit vor unserem Erkennen", hatte ich das erste Mal einen echt irren Gefühlsausbruch.

Ich wusste, dass dieser Gefühlsausbruch mit ihm in Zusammenhang stand, aber ich konnte es nicht einordnen.

Als ich ihn erkannt hatte „verfolgten" mich meine Gefühlsausbrüche über Wochen und das in einem Maße, wie ich es nie hätte vermuten können.

Aber er war nicht schuld daran, ganz im Gegenteil.

Seine Energie war der Auslöser um meine Dualität in Gang zu setzen.

Und dies ist auch ein sehr wertvolles Geschenk der Dualität.

Es wird dir am Anfang vorkommen wie ein Fluch, aber du wirst es am Ende der Dualität zu schätzen wissen.

Nie zuvor hatte ich je eine wirklich innige Bindung zu anderen Menschen aufbauen können, weil ich gar keinen Bezug zu mir selbst hatte.

Ich war sehr oberflächlich und rücksichtslos, auch mir gegenüber.

Und ich bin sehr glücklich, dass ich heute „ganz" bin.

Ohne das Erkennen meiner Dualseele wäre ich nie in der Lage gewesen, diesen Bezug auf zu bauen.

Klar bist du Wochen lang nur am heulen und magst niemanden sehen, aber wer hat dir in deinem Leben je gelehrt mir Gefühlen um zu gehen oder einen Bezug zu dir selbst auf zu bauen.

Wir leben nun mal in einer absolut oberflächlichen Zeit.

Menschen werden auf ihr Gehalt, auf ihr äußeres, auch ihren „Status" reduziert... und wofür?

Oberflächlichkeit haben wir in unserer Gesellschaft mehr als genug.

Es wird Zeit über den Tellerrand drüber raus zu schauen.

Und „heute" ist es mir (wieder) scheiß egal, was andere über mich denken.

Ich kann lachen, ich kann vor Freude weinen oder vor Trauer oder weil mir einfach danach ist weinen.

Vollkommen egal, was andere denken.

Sie haben nicht das durchgemacht, was du erlebt hast.

Keiner deiner Mitmenschen ist je in deinen Schuhen gelaufen.

Das ist nun einmal so.

Und dein Weg hat dich zu diesem großartigen Menschen gemacht, der du bist.

Und für deinen Gefühlsklärer gilt das gleiche.

Keiner braucht sich für seine Gefühle zu schämen.

Ganz im Gegenteil.
Sei stolz auf deine Gefühle, denn sie sind es, die dich als
Menschen ausmachen.

Von Herzen geben ohne zu erwarten

Geben, ohne eine Gegenleistung zu erwarten ist eine
wundervolle Gabe.
Die wenigsten Menschen beherrschen dies „einfach so".
Auch ich musste dies erst „wieder lernen", denn es ist
etwas anderes, etwas von Herzen zu schenken, als ein
Tauschgeschäft zu vollziehen.
Wenn wir von Herzen geben, ohne etwas zu erwarten,
bekommen wir es tausendfach zurück.
Vielleicht nicht in diesem Moment und vielleicht nicht
von dieser Person, aber „die kleinen Wunder" erscheinen
immer dann, wenn man sie am wenigsten erwartet.
Es geht nicht darum, sein letztes Hemd zu verschenken,
sondern das was man gibt und tut, mit Liebe und Respekt
zu schenken.

Ein Beispiel:

In meinem Freundeskreis sind viele „Ältere Menschen",
deren Rente noch nicht einmal für das nötigste reicht.
Die Meisten fühlen sich allein und von dieser
Gesellschaft in Stich gelassen.

Sie haben ihr Leben lang gearbeitet und alles gegeben, um nun ihren Lebensabend in einer Ein- Zimmer Wohnung ohne Hilfe, ohne ihre Familie oder Freunde dahin zu siechen.

Es war Freitagnachmittag.
Mein Gartennachbar war verzweifelt, als er einen Anruf vom Schornsteinfeger bekam, dass er am Montag vorbei kommen würde.
Seine Wohnung lag in der dritten Etage eines Mehrfamilienhauses.
Er hatte so schon Mühe seinen Einkauf immer die vielen Stufen hoch zu tragen, aber eine andere Wohnung wäre mit seiner kleinen Rente unbezahlbar gewesen.
Er fragte mich verzweifelt, ob ich ihm nicht am Wochenende helfen könne, seine Wohnung „Menschentauglich" zu bekommen.
Nach reiflichem Überlegen sagte ich ihm für den Sonntag zu.
So stand ich am Sonntag früh mit Brötchen vor seiner Tür.
Die Wohnung war in einem grauenvollen Zustand, aber ich hatte bei mir auch schon solche Zeiten erlebt, so dass ich ihm versichern konnte, dass wir es schaffen würden.
Nach dem Frühstück machten wir uns ans Werk.
Er beschäftigte sich mit seiner Wäsche und dem Schlafzimmer und ich mich mit dem Rest der Wohnung.
Nach fünf Stunden waren wir fertig.

Küche, Wohnzimmer, Flur und Bad waren wieder Gesellschaftsfähig.

Er war überaus dankbar für meine Hilfe und ich hatte mir damit keinen Zacken aus der Krone gebrochen.

Ganz im Gegenteil.

Ich freute mich, dass ich ihm helfen konnte, hatte für mich in der Zeit noch ein paar sinnvolle, gedankliche Aspekte gesammelt und fuhr nach Hause.

Einen Tag später stand er vor meiner Tür.

Er hatte für mich gekocht.

Und dies tat er drei Wochen lang, jeden Tag.

Ich hatte nichts erwartet und das Putzen hatte mir sogar Spaß gemacht.

Und das ist aber auch ein Punkt, den du auf alles beziehen kannst.

Gebe von Herzen, ohne zu verlangen.

Im Bezug auf deine Dualseele heißt dies „Erwarte nichts von ihm".

Aber auch, wenn du nicht bereit bist oder dein „Geben" an Bedingungen gekoppelt ist,

LASS ES SEIN!

Du tust dir keinen Gefallen damit und ihm auch nicht.

Wie schon mal erwähnt, eine Liebesbeziehung ist KEIN TAUSCHGESCHÄFT und KEIN HANDEL.

Schenke ihm Vertrauen, Liebe, Treue, Respekt, ohne etwas zu erwarten.

Alles andere IST FALSCH.

Nur so kann eine zwischenmenschliche Grundbasis geschaffen werden.
Das ist auf alle Bereiche des Lebens an zu wenden, egal ob Partner, Freunde, andere Mitmenschen.
Selbst bei Haustieren.
Du verlangst ja auch nicht von deinem Haustier „weil ich dich füttere musst du mit mir kuscheln", nein.
Das passiert automatisch.
Wenn du einem Obdachlosen auf der Straße hilfst erwartest du auch nichts. oder…
Und so sollte es in allen Bereichen deines Lebens sein.
Ich finde es wundervoll erwartungsfrei an alles heran gehen zu können, denn so kann man auch nicht endtäuscht werden.
Nur die eigenen Erwartungen können einen selbst endtäuschen.
Niemals andere.
Das habe ich gelernt und verstanden.

Treue und Vertrauen

Treue ist nicht nur für Dualseelen, sondern in jeder Beziehung, Freundschaft ein Hauptthema.
Eine meiner Grundeigenschaften, egal ob man sie positiv oder negativ sieht ist bedingungslose Loyalität.
Einem Menschen, dem ich einen Platz in meinem Herzen zugesprochen habe, werde ich immer treu sein.
So bin und war ich immer schon.

Beim Thema Treue spreche ich nicht nur von der körperlichen Treue, sondern auch von der Mentalen Treue.

Meine Dualseele und ich sind uns im Verhalten in Partnerschaften „sehr ähnlich".

Wenn wir uns bei einem Menschen „wohl und verstanden, geborgen und wirklich aufgehoben" fühlen, tun wir für unser Gegenüber alles, damit es ihm gut geht.

Aber wir sind beide auch totale „Machotypen".

Wir wissen um unsere Fähigkeiten und flirten für unser Leben gern.

Wir lieben es, die Blicke andere auf uns zu ziehen, was aber alles auch oft unterbewusst passiert.

Wenn wir in einer Partnerschaft sind, in der wir uns zu einhundert Prozent fallen lassen können, kämen wir niemals auf den Gedanken unseren Partner zu betrügen oder ihm zu schaden.

Aber wenn diese „Harmonie" massiv gestört wird, können wir auch anders.

Aber da gibt es diesen einen Aspekt, dem sich Dualseelen immer sicher sein können.

Da wir „Spiegelbilder" von einander sind, können Dualseelen gar nicht anders, als einander treu zu sein.

Es gibt für uns keinen Grund unserer Dualseele nicht genau so Respektvoll und Ehrlich gegenüber zu treten, als uns selbst.

Es ist einfach unmöglich.

Er würde es sowieso merken, wenn wir versuchen würden ihn an zu flunkern.

Grade bei Dualseelen, die „Karmisch Mental" miteinander verbunden sind, ist dies unmöglich.

Wenn Dualseelen länger Kontakt zu einander haben, auch in Freundschaften, können sie die Fähigkeit entwickeln, die Emotionen des anderen zu spüren und zu lesen.

Das passiert automatisch und es ist sehr faszinierend.

Deshalb ist es auch manchmal sehr listig, wenn ihr noch in der Transformationsphase seid.

Er sagt etwas zu dir, was er bewusst auch so meint, aber unterbewusst sendet er ganz andere Signale und Gefühle, die er selbst noch gar nicht wahr genommen hat, oder nicht preis geben will.

Grade wenn seine Gedankenstruktur mit seinem Fühlen nicht in Harmonie schwingt.

Das ist jetzt ein ganz blödes Beispiel, aber mir fällt grad kein passenderes ein.

Das ist wie wenn ich mich mit meinem Hund unterhalte.

Sie versteht Leckerli, Gassi gehen, Kuscheln….

Alles andere ist Blablabla für sie, aber er nimmt jede Emotion von mir wahr und reagiert darauf.

Das ist so faszinierend wie unheimlich, aber einfach genial.

Gefühle sagen mehr als tausend Worte. Immer.

Und so ist es bei Dualseelen auch.

Höre ihm aufmerksam zu, aber schenke den Gefühlen, Schwingungen und Energien, die er ausstrahlt auch Bedeutung.
Du wirst feststellen, dass es echt außergewöhnlich ist, was euch verbindet.

Auch soll eine Gedankenübertragung möglich sein, aber dies wird wohl erst im Laufe der Zeit entstehen.
Aber dies ist ein Stück weit bei anderen Menschen auch möglich, wenn man sich ihnen besonders verbunden fühlt.
Grade in Jahre langen Freundschaften hatte ich dies oft, das der eine die Sätze des anderen vervollständigt hat, oder ich sofort spürte, wenn mit ihm oder ihr etwas nicht stimmte.
Diese Fähigkeit kann man auch trainieren, aber an der Stelle schweife ich grade ab.
Was ich zu diesem Thema abschießend noch los werden will.
Dualseelen werden einander immer bedingungslos treu sein, wenn sie ihre Transformation abgeschlossen haben und es ist egal, ob es in einer Beziehung oder als Freunde so ist.
Selbst wenn der Kontakt abbricht, werdet ihr immer die Höchste Verbindung haben, die es in diesem Leben gibt.

Verabschiede dich von ihm, wenn du bereit dazu bist

Am Ende deiner Transformation wirst du ein ganz
anderer Mensch sein, als du es je zuvor warst.
Du wirst neue Ziele und Träume haben, dich und deine
Bedürfnisse kennen und wahr nehmen.
Du wirst wissen, was du von deinem Leben erwartest und
was du für dich willst.
Und vielleicht wirst du dein Leben ganz neu aufgestellt
haben, so wie ich.
Und damit gehörte es für mich auch, mich von meiner
Dualseele zu verabschieden.

Als ich meine Transformation abgeschlossen hatte,
wusste ich genau, was ich in meinem Leben noch erleben
und erreichen wollte.
Klar waren meine Gefühle für meinen Gefühlsklärer
grenzenlos.
Eine solche Liebe gibt es nur ein Mal im Leben.
Das ist so.
Und ich wusste auch, dass ich meinen Weg nun allein
bestreiten „konnte".
Und so schrieb ich ihm einen Abschiedsbrief, den ich
ihm vor meinem Urlaub überreichte.
Ich schrieb alles in diesen Brief.

All meine Gedanken, Gefühle, dass ich ihm das Beste für sein Leben wünschte und wie sehr ich ihn liebe.

Das war mein Abschiedsbrief, den ich ihm vor meinem Urlaub zukommen ließ.

Und ich meinte auch alles so, wie ich es in diesem Brief geschrieben hatte.

Ich wünschte mir, dass er in seinem Leben glücklich ist und der einzige tröstliche Gedanke daran war, dass sich Dualseelen sowieso in der Ewigkeit wieder vereinen würden.

Ohne das Wissen darum, hätte ich diesen Schritt nur noch schwerer ertragen können.

Aber ich war auch sehr glücklich und dankbar dafür, denn ohne die Transformation mit ihm hätte ich nie erfahren, wie sich für mich „Glücklich sein" anfühlt und wahre Liebe zu empfinden.

Es war alles andere als „leicht", denn wenn du deine Transformation abgeschlossen hast, wird die Liebe, die du für deinen Gefühlsklärer empfindest gigantisch sein, wie deine Sehnsucht.

Aber du wirst auch gelernt haben, deinen Weg zu gehen und zu vertrauen.

Du weißt, das du nie wieder einen anderen Menschen, eine andere Seele, so lieben könntest, denn diese Liebe ist" alles andere, aber nicht von dieser Welt".

Du wirst spüren, dass dir dieses Gefühl aus dem Ursprung des Göttlichen geschenkt wurde.

Es gibt kein reineres Gefühl als dieses. Keins.

Und nun lässt du diesen Menschen „einfach gehen", der dir alles bedeutet.

Aber das ist das Gefühl der grenzenlosen Liebe, die es dir „ermöglicht" ihn so sein zu lassen, wie er ist.

Liebe verlangt nicht, sie „lässt frei".

Du bist glücklich mit dir und du möchtest, dass auch er glücklich ist.

Nun bist du bereit deinen Weg zu gehen und ich wusste zu diesem Zeitpunkt nicht, ob ich ihn jemals wieder sehen würde.

Was du liebst, lasse frei…

Ich weiss nicht, von wem dieser Spruch ist, aber es war sowas von zutreffend.

Aber ich wusste auch, was für mich wichtig war und das tat ich auch.

LEBEN!

Königin der Welt

Du hast es geschafft!

Du hattest den Mut, diesen schweren Weg zu gehen.

Du bist etwas Besonderes und das ist nicht so daher gesagt.

Das bist du schon immer, auch wenn du jetzt noch in deiner Transformation sein solltest kannst du dich glücklich schätzen, denn du bist eine der wenigen, die diesen Wertvollen Weg gehen dürfen.

Und genau deshalb hast du DAS BESTE in deinem Leben verdient.

Mache das Beste daraus.

Wer, wenn nicht DU hat es verdient glücklich zu sein.

Du hast so wenig Zeit, dieses Leben zu genießen und deine Träume zu verwirklichen.

Du bist ein wundervolles Licht, lass es leuchten und hilf anderen auf ihrem Seelenweg.

Jetzt hast du das Wissen und die Fähigkeiten dazu.

In deiner Transformation wirst du so viel lernen und auch da schon anderen helfen können.

Du hast ganz besondere Gaben, die nur du in diese Welt tragen kannst.

Das weiß ich, denn jeder hat besondere Gaben, die er nur erkennen und nutzen muss.

Und genau das lernst du als Herzmensch auf deinem Dualseelenweg.

Jetzt hast du die „Qual der Wahl"

Wenn deine Transformation vollendet ist, hast du als Herzmensch die Qual der Wahl.

Was wirst du mit deinem neuen Leben anfangen?

Entweder du genießt dein Singleleben oder schaust, was passiert.

Durch die Transformation hast du dich selbst kennen und verstehen gelernt.

Du weißt jetzt, was du an Männern schätzt, welcher „Typ Mann" für dich „geeignet" ist und von wem du definitiv die Finger lässt.

Du weißt jetzt, auf was es für dich in einer Beziehung ankommt und was du willst.

Und nun siehst du das Andere oder Eigene Geschlecht aus einem ganz anderen Blickwinkel.

Selbst deine Er Partner werden deine Transformation wahrgenommen haben und dich umringen, wie „Motten das Licht".

Während meiner Transformation hat mich wirklich jeder meiner Ex Partner und Affären angeschrieben, angerufen, voll getextet, wie toll doch unsere Zeit war….

Blablabla…

Aber du wirst feststellen, dass keiner von ihnen auch nur die geringste Option ist.

Sie sind nicht ohne Grund deine „Verflossenen".

Aber auch im Alltag werden dir jetzt die Männer die Tür einrennen.

Es ist deine Entscheidung, welchen Mann du in welcher Form in dein Leben lässt.

Egal ob Dualseele, Twinseele, karmischer Partner.

Das Universum wird dir am Ende deiner Transformation „automatisch" den richtigen Partner an deine Seite stellen.

Das Universum hat einen Plan und zwar den Plan, dass du nun das Beste für dein Leben verdient hast.

Das ist das Gesetz der Anziehung, welches du jetzt besser beherrscht, als die Meisten Menschen.

Aber da gibt es noch diesen einen Aspekt, den ich dir ans Herz legen möchte.

Jeder Mann, der dich, dein Herz und dein Potenzial nicht erkennt und zu schätzen weiss, hat dich nicht verdient.

Und dieser Mensch ist es nicht Wert an deiner Seite zu stehen.

Ganz einfach.

Ab jetzt hast du für Halbherzigkeiten in deinem Leben „KEINE ZEIT" mehr.

Du hast den Besten Mann an deiner Seite verdient, den dir dieses Universum bieten kann und das ohne „Wenn und Aber".

Du hast das Beste in deinem Leben verdient, genau so, wie deine Dualseele, aber ob er sich nun dafür „Qualifiziert"?

Das wird die Zukunft zeigen.

Du wirst dich bestimmt fragen, was dieser Weg sonst für einen Sinn gehabt haben soll?

Das wirst du heraus finden.

Vertraue auf „dein Schicksal".

Alles wird gut.

Der besondere Schutz der Dualseelenpaare

Dualseelen sind von Grund auf von einer besonderen Kosmischen Energie geschützt.

Wenn sich zwei Dualseelen erkennen, ist es nur „selbstverständlich", dass sie ihre Transformation zusammen abschließen.

Und die Transformation ist dann abgeschlossen, wenn dein Gefühlskläter nach seiner Transformation in seine volle Energie steht.

Dies wollte ich nur mal am Rande erwähnt haben.

Das ist halt die Sache mit den Gläsern.

Aber dazu gibt es noch einiges an Material in Büchern und im Netz.

Der eine könnte seine Transformation ohne den anderen nicht beenden.

Wenn du deine Dualität nicht annimmst

Natürlich hast du immer die „freie Wahl", dein Leben so zu gestalten, wie du es möchtest, aber auch hier gibt es ein paar Kleinigkeiten, die du beachten solltest.

Ich erkläre es dir an meinem Beispiel.
Als meine Transformation begann weigerte ich mich vehement dagegen.

Weder wollte ich eine Beziehung zerstören, geschweige denn irgendjemanden verletzen.
Jede Krankheit ist Ausdruck unserer Gedanken und der Dinge, die wir nicht annehmen wollen.
Als ich meine Dualität „ablehnte" bekam ich so viele Krankheiten, um zu verstehen und meine Dualität an zu nehmen.
Aber dies hatte ich ja schon beschrieben.
Wenn du dich gegen deine Dualität sträubst, wirst du durch körperliche Beschwerden darauf hin gewiesen, dass du deinen Weg gehen sollst.
Auch wenn du es nicht annehmen willst, hast du diesen Weg doch selbst gewählt.
Jeder hat einen Seelenplan und dies gehört auch zu deinem dazu.

Sei dankbar für alles und spüre die Dankbarkeit, aber „Zwang frei"

Wie ich „Dankbarkeit lernte" war für mich ziemlich eigenartig.
Ich steckte ein paar Wochen nach dem ich meine Dualseele erkannte, in einer absoluten Lebenskriese.
Ich war depressiv und konnte nichts und niemanden um mich herum ertragen, noch nicht einmal meine Freunde.
Mein Körper funktionierte nur noch und so wollte ich nur noch „schnell aus der Dualität raus".
Ich wusste dieses Geschenk erst gar nicht zu würdigen.

Durch Zufall sah ich im Internet einen Artikel über eine CD von meinem Lieblingsautor.

Sofort war mir klar, dass ich diese CD haben musste.

Als ich sie in der Hand hielt war ich sehr dankbar dafür, dass ich sie so schnell erhalten hatte und bestellte mir eine zweite CD, die mir dazu empfohlen wurde.

Als ich sie des Abends, es war der 24. Dezember, hörte, schossen mir die Tränen aus den Augen.

Ich war so gerührt und ergriffen von dieser CD, dass ich es kaum in Worte fassen konnte.

In diesem Moment wusste ich, dass wenn ich diese CD hörte, ich mit meinen tiefsten Gefühlen und dem Universum verbunden war.

Und nun verstand ich, dass wenn ich irgendwann diese CD hörte und dabei nicht mehr weinte, das meine Transformation abgeschlossen sein musste.

Diese Geschichte von „der kleinen Seele und der Erde" war mir so aus dem Herzen geschnitten, dass ich so unendliche Dankbarkeit empfand, dies verstanden zu haben.

Und genau so war es.

Von diesem Tag an war ich dankbar für jedes Geschenk, für jede Emotion, für jeden Menschen in meinem Leben, für alles was ich besaß, für alles was mich umgab, für alles was ich Erleben durfte.

Ich bin auch heute noch sehr dankbar für alles, was ich erleben darf, für jeden Moment, für jede Erinnerung, für jeden Moment mit meiner Dualseele.

Dies ist das wertvollste Geschenk, welches mir das Leben zu Teil werden ließ, denn ich weiß, dass ich in meinem Leben vielen großartigen und tollen Menschen begegnet bin.
Ich weiß jede Begegnung in meinem Leben zu schätzen.
Aber was mich an meiner Dualseele so fasziniert ist, das er eine der reinsten Seelen ist, der ich je begegnet bin.
Und ich bin unendlich dankbar für diese Begegnung, von Herzen dankbar.

Kontaktaufnahme zu deiner Dualseele

Es gibt für Dualseelen verschiedene Möglichkeiten Kontakt zu einander auf zu nehmen.
Aus eigener Erfahrung kann ich dir sagen, das Dualseelen immer energetisch mit einander verbunden sind und sehr „sensibel".
Es gibt nur wenige Phasen in denen wir uns komplett zurück ziehen können.
Eine dieser Phasen habe ich erlebt, kurz nach dem ich mich zurückgezogen hatte.
Aber es war beabsichtigt, weil ich mich sonst nicht hätte weiter entwickeln können.
Wir spüren, wenn es unserer Dualseele schlecht geht.
Grade wir Herzmenschen sind in diesem Punkt sehr sensibel.
Oft äußert sich dies in Magen- Darm Problemen, Migräne oder Kopfschmerzen, Herz- Kreislaufproblemen

oder Atemproblemen, warum wir meistens versuchen mit Rauchen auf zu hören.

Zumindest war es bei mir so und ich kenne es noch von ein paar anderen Fällen.

Die Signale des Körpers sollte man nie unterschätzen und im Zweifelsfall ist es immer besser einen Arzt auf zu suchen.

Für mich war die Energiekugel immer ein ganz guter Schutz und so waren die Magenprobleme oft nach einer halben Stunde verschwunden, egal wie schlimm sie vorher waren.

Das fand ich am Anfang immer etwas merkwürdig, aber nun ist es logisch für mich.

Aber ohne diesen „Liebeskummer" könnten Dualseelen sich nicht transformieren und die ist es, was körperlich für den anderen spürbar ist.

Dein Gefühlsklärer wird dies aber erst viel später verstehen.

Das ist leider so.

Die Kontaktaufnahme zu deinem Gefühlsklärer ist im Grunde ganz einfach.

Jetzt würde jeder „normale Mensch" sagen…

„Schreib ihm eine Nachricht..

Hast doch ein Telefon", aber von dieser Art Kontaktaufnahme rede ich nicht.

Ich meine die Kontaktaufnahme durch eure energetische Verbindung.

Diese wird durch deine Gedanken und Gefühle gesteuert und ist wie eine Art von „Telepathie".
Diese Verbindung stellen Dualseelen oft auch automatisch in Träumen her.
Vieles läuft am Anfang über das Unterbewusstsein, bis es sich entwickelt hat.
Wenn deine Dualseele einen Traum von dir hat, ist es gut möglich, das du ihm diesen Traum übermittelt hast oder andere herum.
Aber dieses solltest du erst zu späterem Zeitpunkt ausprobieren, denn deine Dualseele knabbert in der Zeit, in der du Kontakt zu ihm aufnimmst fleißig an deiner Energie und so kann er ewig in seiner Position verharren.
Und was bringt dir das?
Richtig... NIX.

Ich hab da ein Beispiel für dich:
Ich war nämlich auch „mal so doof".

Die erste energetische Kontaktaufnahme zu meiner Dualseele hatte ich kurz nach dem ich ihn erkannt hatte.
Und so schön wie diese Erfahrung war, war sie auch Aufschlussreich und schmerzhaft zugleich.
Er war mit seiner Partnerin im Urlaub auf einem anderen Kontinent und ich fragte ihn telepathisch nach einem Foto von sich.
Zwei Tage später schickte er mir ein Foto von sich.

Auf dem Bild war er zu sehen und neben ihm war ein Sackgassenschild mit einem Ring.
An dem Tag hatte er seiner Partnerin einen Heiratsantrag gemacht.

Aber ich bin ja immer neugierig und so nahm ich noch einmal später „Kontakt" auf.
Ich sagte ihm, dass er mir an einem bestimmten Tag, ein Zeichen von Liebe schicken sollte.
Ich sagte zu ihm „Show me Love".
Und was passierte?
An diesem Tag setzte er in seinen Status, „in einer Beziehung mit".

Du siehst also, das es nicht immer etwas „gutes" hat, mit seiner Dualseele Kontakt auf zu nehmen.
Warte, bis er den ersten Schritt macht.
Alles andere ist vergebene Liebesmüh und nur schmerzhaft für dich.
Glaub es mir.
Und da kommt auch einer meiner Lebensgrundsätze zu tragen.
„Hinterfrage nur die Dinge, auf die du die Antworten wissen willst und nur dann, wenn du, egal welche Antwort bekommt, du diese ertragen kannst.
Manchmal ist weniger mehr.

Tue alles erst dann, wenn du wirklich bereit dazu bist

Du kannst jeder Zeit einen Liebeszauber durchführen, deinen Seelenpartner beim Universum bestellen, andere Menschen energetisch in dein Leben rufen....
Aber wenn du nicht bereit dazu bist wird es komplett nach hinten los gehen.

Da ich meine Transformation „überwiegend" allein vollzogen habe, wünschte ich mir zu einem Zeitpunkt jemanden in mein Leben, mit dem ich etwas Spaß haben konnte.
Ich hatte das Verlangen nach körperlicher Nähe und bestellte mir einen Mann beim Universum.
Bin in 14 Tagen sollte er in mein Leben treten.
Und so kam es auch.
10 Tage später fing ich in einer neuen Firma mit Arbeiten an und einer der neuen Kollegen hatte von Anfang an ein Auge auf mich geworfen.
Dieser Mann sah meiner Dualseele verteufelt ähnlich und auch von Charakter her schien er ihm ähnlich zu sein.
Was ich dabei aber nicht beachtete war, das ich gar nicht in der Verfassung war, mich auf etwas Neues ein zu lassen.

Ich liebte meine Dualseele so sehr, dass ich es nicht schaffte, mich von einem anderen Mann berühren zu lassen.

Und das ist auch in Ordnung.

Dazu erschloss sich mir aber auch ein anderer Aspekt, den ich heute besser verstehe, als je zuvor.

Nachdem ich die Transformation schon ein paar Monate durchlebt hatte, trat „ein alter Bekannter" in mein Leben.

Er unterstützte mich finanziell und war auch so als Freund für mich da.

Ich lernte unter anderem auch an ihm Grenzen zu setzen und da er Verheiratet war und sexuell nicht mehr in der Lage…, konnte ich teilweise seine Nähe zulassen.

In dieser Verbindung ging es darum, einen Menschen an seiner Seite zu haben, der mir half zu wachsen und mir den Weg ebnete, bis zum Ende seiner Transformation.

Als ich meine Transformation abgeschlossen hatte, hatte ich von meinen Aufgaben noch zwei übrig.

Die eine war es, meine Finanzen in Ordnung zu bringen und die andere meine Berufung zu finden.

Deshalb blieb er so lange an meiner Seite, bis ich diese Aufgaben gelöst hatte.

Aber wie gesagt, wenn du vom Kopf und vom Gefühl her nicht bereit bist etwas an zu nehmen, lass es einfach sein oder freu dich über diese Erfahrung.

Ich bin glücklich darüber, dass ich letztendlich auf mein Gefühl gehört habe, denn damit habe ich auch einmal mehr gelernt Grenzen zu setzen.

Sexuelle Energien bei Dualseelen

Als ich meine Dualseele erkannte war meine „sexuelle Spannung" enorm.
Aber vielleicht hast du dies schon in meinem Buch „Dualseelenmagie" gelesen.
Dies war ein Zeichen dafür, dass mein Selbstbewusstsein, meine Lebensenergie auf dem Nullpunkt waren.
Aber trotzdem waren es zwei wirklich sehr starke Energien die auf einander prallten.
Jetzt, wo ich die Transformation abgeschlossen habe, spüre ich, dass unsere Energien zusammen enorm sind.
Naja, hier prallte ja auch ein Doppelneuner auf einen Fünfneuner.
Das machte mich zu diesem Zeitpunkt aber auch zu einer leichten „Energiebeute".
Dualseelen sind auf ewig energetisch Verbunden und dadurch, dass ich so viel Liebe und Sehnsucht für meinen Gefühlsklärer empfand, fiel meine Energie auf ein „Null Level".
Zu der Zeit wusste ich noch nicht, wie ich mich energetisch abschirmen sollte und noch nicht einmal, was das sein sollte.
Das lernte ich erst Monate später.

Aber so stieg seine Energie und sein Leben war „flauschig".

Ich fragte mich anfangs oft, was das zu bedeuten hatte, aber ich merkte auch, das je mehr mein Selbstbewusstsein stieg, ich meine Energie besser abgrenzen konnte.

Meine Lebenskraft stieg wieder und ein energetischer Ausgleich fand statt.

Die Energiekugel war mir dabei eine große Hilfe, aber auch meine Affirmationen, die mein Selbstbewusstsein und Vertrauen steigerten.

Jetzt, wo meine Transformation abgeschlossen ist hat er keine Möglichkeit mehr meine Energie zu „Stehlen", denn nun bin ich „schon fast stärker" als er.

Aber ich muss meiner Dualseele auch hoch anrechnen, dass er nie versucht hat, meine Schwäche aus zu nutzen.

Zeig was du kannst und tue, was du willst!

Lass dir niemals einreden, dass du irgendetwas nicht kannst!

Kein Mensch außer dir hat diese besonderen Fähigkeiten, wie du sie hast.

Das steht fest.

Die Welt verlangt nach deinen Fähigkeiten.

Am Anfang deiner Transformation wirst du dich fragen „WAS für Fähigkeiten"…?

Was kann ich der Welt schon bieten?

Ganz einfach.

Du hast eine besondere Gabe, die ans Tageslicht will.

Als ich anfing nach meinen Talenten zu suchen fragte ich mich auch „Was für Talente"?

Naja..

Meine Freundin Anja hat zum Beispiel ein besonderes Talent, denn ihr Thailändisches Essen ist erste Sahne, meine Freundin Mona kann Menschen sehr gut zusammen halten und sie zusammen führen, mein Nachbar kann super Hausmannskost zubereiten, eine andere Freundin kann super stricken, Ina ist eine begnadete Sängerin, Uwe ist ein super Verkäufer, Frank ist verdammt stark und kann ein Haus fast mit bloßen Händen einreißen....

Verstehst du, worauf ich hinaus will.

Alles in allem scheinen diese Fähigkeiten nichts Besonderes zu sein, aber jeder einzelne dieser Menschen macht seine Gabe zu etwas besonderen.

Dualseelen haben oft verbindende und helfende Fähigkeiten.

Eine Bekannte von mir ist Bodybuilderin.

Sie kämpft in anderen Ländern darum, dass Frauen den Selben „Stellenwert" haben wie Männer.

Viele Dualseelen sind Naturmenschen und setzen sich für die Umwelt ein und gegen die Rodung von Wäldern.

Jede Dualseele die ich kenne setzt sich für eine bessere Welt ein und das auf ihre Art und Weise.

Viele Dualseelen Herzmenschen sind Indigos, so wie ich.

Wir haben diesen Weg gewählt, um in dieser Welt etwas zu verändern und sie mit unseren Gaben „zu einem besseren Ort zu machen".

Hier solltest du dir drei Fragen stellen:

1. Was bringt mein Herz zum Klingen?
2. Was wollte ich schon immer tun?
3. Was erfüllt mich mit Freude?

Ich bat meine Engel um Hilfe, mir Hinweise zu geben, was ich mit meinem Leben anfangen soll und dadurch wurden mir einige Dinge klar.

Ich wollte anderen Menschen helfen.

In meinem Leben hatte ich schon so viel erlebt und so viele Fehler gemacht, das ich zum einen anderen Menschen mit meinen Erfahrungen helfen wollte, das sie nicht die Selben Fehler machen.

Und zum anderen konnte ich schon immer gut Erklären und Pläne schmieden.

Diese halfen anderen immer super weiter, außer mir selbst.

Aber da musste ich für mich auch lernen, dass die Pläne, die ich für mich machte nie funktionieren konnten.

Aber wie sollte ich das in die Tat umsetzen?

Als ich meine Dualseele erkannte, schrieb ich für ihn ein Buch.

Das Buch war ehrlich, aber auch voll mit Rechtschreibfehlern.

Dies hätte mir eigentlich peinlich sein müssen, aber dies war mein erster „Versuch" meiner Leidenschaft, dem Schreiben nach zu gehen und das aus zu drücken, was ich fühlte.

Dazu kam, dass dies für mich als Legasthenikerin eine echte Herausforderung war.

In der Schule war eins meiner schlechtesten Fächer meine Muttersprache, deutsch.

Ich musste alles Autodidakt lernen und kämpfte mich mit Mühe und Not durch die Mittlere Reife.

Wie gern hätte ich Abitur gemacht oder Studiert, aber damals hörte ich auf die „Verurteilungen" der Lehrer, Ärzte, der Eltern, nur nie auf meinen Verstand.

Ich weiß, dass es mir manchmal noch schwer fällt, keine Rechtschreibfehler in einen Text zu basteln, aber ich arbeite daran.

Jetzt könnte ich natürlich sagen, wenn meine Lehrer damals und dies und das… NEIN.

Ich weiß für mich, das es damals noch nicht an der Zeit war, denn sonst hätte ich nicht dieses außergewöhnliche Leben erfahren dürfen.

Alles braucht seine Zeit und in der richtigen Zeit wirst auch du erfahren, was „dein Herz zum Klingen bringt".

Vertrau dir und dem Schicksal.

Es weist dir den richtigen Weg.

Altersunterschied bei Dualseelen

Vielen mag es ziemlich komisch vorkommen, aber ich habe noch nie Dualseelenpaare kennen gelernt, die im gleichen Alter waren.

Der Altersunterschied bei den meisten Dualseelenpaaren lag bei 12 Jahren.

Der geringste Altersunterschied bei Dualseelen, den ich kennengelernt habe, lag bei 7 Jahren, der Entfernteste bei 32 Jahren, wobei dies eine sehr besondere Dualseelenbeziehung warm, da die Frau 62 Jahre alt war und ihr Partner 30 Jahre alt war.

Es kommt immer darauf an, was sich die Seelen für dieses Leben vorgenommen haben, aber eines steht fest, Dualseelen sind sehr offene, tolerante Menschen und nicht „Engstirnig".

Wir schätzen jeden Menschen, ganz egal wo er geboren wurde oder wie alt er ist.

Und grade bei unserer Dualseele spielt die überhaupt keine Rolle.

Alter ist eine Zahl auf einem „Zettel".

Keiner kann sich aussuchen, wann er geboren wird und wenn, dann hat es garantiert einen Sinn.

Nimm dir Zeit für dich

Dies ist auch ein ganz wichtiger Punkt, nicht nur für
deine Transformation, sondern für dich.
Herzmenschen neigen immer dazu, das Wohl der anderen
über ihr eigenes zu stellen.
Wir neigen dazu immer „für andere da sein zu müssen".
Dabei vergessen wir oft unsere Bedürfnisse und uns
selbst nur zu gern, denn wir sind ja am „Tun" und helfen.
Als ich grade noch in den Anfangsschuhen der Dualität
war, sorgte ich mich immer noch um die Bedürfnisse
meiner Mitmenschen.
Auri, kannst du mal.. machst du mal.. da ist noch was zu
tun.. du kannst das doch... fahr mal einkaufen.. mach mal
das..........
Kommt er dir noch bekannt vor?
„Ohne dich geht die Welt auch nicht unter".
Ich hatte mich und mein Leben immer für andere
aufgeopfert und war immer gesprungen, wenn andere
mich „brauchten".
Nach diesem Satz grenzte ich mich ab, von allen und es
war richtig so, für mich.
Herzmenschen sind immer hilfsbereit und lassen sich
gern für das Wohl der Gesellschaft ausnutzen.
Das wirst du nach deiner Transformation nicht mehr mit
dir machen lassen.

Du wirst Grenzen setzen und selbst erkennen, was dir gut tun, was du machen kannst und willst und was nicht.

Du lernst „Nein" zu sagen und deine Bedürfnisse zu achten.

Und auch wenn du mit deiner Dualseele zusammen kommst, einen anderen Partner bekommst oder andere Verpflichtungen ein gehst, sollte dein Hauptfokus immer auf dich gerichtet sein.

Und damit solltest du jetzt anfangen.

Nimm die jeden Tag eine Halbe, besser eine Stunde Zeit, nur für dich.

Ich habe mit morgens immer eine Stunde freigeschaufelt, nur für mich.

Ich habe gelernt, diese Zeit zu schätzen, in der ich ganz bei mir sein kann und das tue, was mir wichtig ist.

Und wenn du dir diese Zeit nimmst um Kaffee zu trinken, „sinnlos Spiele zu spiele", eine Zeitung zu lesen oder was auch immer.

Es ist deine Zeit, nur für dich.

Du wirst merken, wie viel dir diese Zeit für dich gibt.

Und auch wenn du in einer Beziehung bist und dein Freund mal ein Wochenende mit seinen Kumpels weg fahren will, wünsche ihm „Viel Spaß" und nutze die Zeit für dich allein.

Es ist so entspannend einfach mal allein auf dem Sofa zu liegen, alle Klamotten im Schrank an zu probieren, sich mit einer Freundin Liebesschnulzen rein zu ziehen und einfach nur das zu tun, was dir gut tun.

Vergiss das bitte nicht.

Erfinde dich neu

Was waren deine Träume, die du in deinen Kindertagen
hattest?
Wolltest du Sängerin oder Tänzerin werden?
Bilder malen oder Model werden?
Alles, was ganz tief in dir schlummert will nun ans Licht
gebracht werden.
Es will dir helfen, dich in deiner besten Version neu zu
erschaffen und erstrahlen zu lassen.
Als Kind wollte ich immer Polizistin werden oder
Bodyguard.
Es war für mich immer ein Bedürfnis anderen Menschen
zu helfen und durch meinen überdurchschnittlichen
Gerechtigkeitssinn wäre dies meine Erfüllung gewesen.
Aber die Ärzte sagten mir, das ich gesundheitlich nicht in
der Lage wäre, die Lehrer, das ich zu „dumm" dazu sei,
die Eltern, das es zu gefährlich sei…. Blablabla…
Und ich hörte natürlich brav auf die anderen, denn als
Kind muss man ja „lieb" sein, weil man sonst nicht
anerkannt wird.
Aber das war ich eh nie von daher hätte ich mir auch
ersparen können auf das Gelaber der anderen zu hören.
Aber ich tat es nun mal.
Als ich schon nicht mehr daran dachte und mein Leben
eine andere Richtung bekommen hatte, fuhr ich 14 Jahre

später zu einem Festival, wo ich im Sicherheitsdienst aushelfen durfte.

Als wir wieder zurück waren, suchte ich mir eine „Maßnahme", durch die ich ein halbes Jahr später mit Bestnoten meinen 34a Schein machte und offiziell im Sicherheitsdienst arbeiten durfte.

Und somit hatte sich mein Traum doch noch erfüllt, denn das war mein „Freifahrtsschein" dafür, Bodyguard zu werden und auch wenn der Sicherheitsdienst keine Hoheitsrechte hat, konnte ich doch meinen Traum ausleben.

Das Schicksal wird dir immer einen Weg zeigen, um deine Ziele zu erreichen.

Manches braucht halt nur seine Zeit.

Lebensfreude

Das war eines meiner schwierigsten Themen, die ich zu meistern hatte.

In meinem Leben hatte ich nie zuvor dieses Gefühl verspürt.

Ganz im Gegenteil.

Dieses Leben war mir lästig, langweilig und öde, weil ich die Schönheit dieses Lebens nicht sehen konnte.

Ich war immer mit mir am Hadern, was ich denn hier solle und wann ich endlich wieder „nach Hause" kann.

Diese Gedanken begleiteten mich mein Leben lang, bis ich gestärkt durch mein neues Selbstvertrauen und Selbstliebe im „Genießen" an kam.

Heute bin ich unendlich dankbar für mein Leben und die kleinen Wunder, die jeden Tag geschehen.

Dadurch, dass ich mein Leben nicht genießen wollte oder es zumindest nicht verstand, gab mir das Schicksal eine richtige Ohrfeige in Form einer Lebensmittelvergiftung und Kaliumvergiftung, an der ich fast gestorben wäre, aber hier kam das „Gesetz" der Dualseelen zu tragen.

Ich will dich jetzt nicht mit Details langweilen, aber dieser Vorfall hatte mich aus meinem „Selbstmitleid" wieder ins Leben geholt.

Dies war meine zweite Chance, die ich nun auch nutzte.

Die Vergiftung lähmte meinen Körper bis zu den Lippen und das war es auch.

Dadurch, dass ich mich gegen die Dualität wehrte, stand alles still, auch ich.

Aber diese Dualität war mein Schicksal und so lernte ich mein Schicksal liebevoll an zu nehmen.

Aus diesem Vorfall entwickelte sich meine Lebensfreude, denn dadurch wurde mir wieder mal „ein neues Leben" geschenkt.

Linguistisches System

Dies ist ein super Fachausdruck, den man ganz gut in ein paar einfache Worte packen kann.

„Wie oben so unten, wie innen so außen".

Damit wäre auch schon fast alles gesagt, aber so plump kann man es wohl doch nicht ganz ausdrücken…

Was ich damit meine, ist ganz einfach.

Die Frage ist nicht, „Kann ich es erreichen", sondern „Wie kann ich es erreichen"?

Das Universum gab uns das wichtigste Werkzeug an die Hand, welches wir jeder Zeit nutzbringend verwenden können, um unsere Ziele zu erreichen.

Unser Verstand.

Die Grundregeln dafür sind ganz einfach…

1. Es ist alles möglich, wenn du daran glaubst, dass du es schaffen kannst.
2. Wenn du etwas wirklich willst, dann wirst du es schaffen.

Die Dualität begleitet und durch unser ganzes Leben, in allem was wir tun.

Du bist ein Magnet und du wirst das in dein Leben ziehen, was du denkst, willst und fühlst.

Das wirst du spüren, wenn deine Energie im gleichen Takt schwingt, wie das Universum.

Deine Energie und deine Schwingung werden eins mit deinen Gefühlen und Gedanken.
Wenn etwas gedanklich für dich real ist, dann wird es auch in der äußeren Welt real werden.
Und so ist es mit allem.

Als meine Transformation vorbei war, dachte ich bei mir, dass es schön wäre, wenn ich mich von meinem Gefühlsklärer verabschieden könnte.
Ich sah vor meinem geistigen Auge, wie er den Weg zu meinem Haus lang laufen würde.
Und eine Woche später, kam er zum Kaffee vorbei.
Jetzt könnte man sagen, dass es „Zufall" war, aber ich glaube nicht an Zufälle.
Ich glaube an Wünsche und Schicksal, wobei beides nahe bei einander liegt, aber darüber kann man lange diskutieren.

Die Grundregeln der Dualseelenbeziehung für den Herzmenschen

Wirkliche Grundregeln für die Transformation gibt es nicht.
Aber die Grundregeln habe ich in meinem Leben für mich selbst aufgestellt und sie haben sich „leider" immer bewahrheitet.
Daraus habe ich auch schmerzlich gelernt, was mir aber bei meiner Dualseelenbegegnung sehr half.

Alles hat seinen Sinn.
Deshalb gebe ich sie dir mit an die Hand.

1. Mach dein eigenes Ding und gehe ihm NIEMALS auf die Nerven! Dadurch, dass ich mich von mir aus zurückgezogen hatte, um meine Aufgaben zu bewältigen, musste er in seinem Leben aufräumen und mitziehen. Jeder Rückzug bringt dich näher zu dir und damit näher zu ihm.

2. Diese Grundregel sollte jede Frau Berücksichtigen und Wissen, egal ob Dualseele oder nicht. Sei „unantastbar". Auch wenn du vieles darüber erst im Prozess lernst ist es logisch, dass du dich ihm NIEMALS vor die Füße wirfst. Das hat KEIN Mann verdient. Trotz dass er deine Dualseele ist und du ihn mehr als alles andere liebst, bist du trotzdem eine Frau, die mit Stolz und Würde durchs Leben geht. Du kannst ihm sagen, was du für ihn empfindest, das du ihn liebst, aber dein Höschen bleibt an. Er ist der Mann und er hat um dich zu kämpfen. Dadurch, dass du ihm sagst, was du für ihn empfindest lehnst du dich schon sehr weit aus dem Fenster und das reicht auch. Seine „Belohnung" bekommt er erst, wenn er sich als würdig erwiesen hat, an deiner Seite stehen zu dürfen. Ganz einfach.

3. Sobald du deine Dualseele erkannt hast, kümmerst du dich um dich und räumst in deiner

Vergangenheit auf. Ohne diese beiden Punkte wirst du nie ans Ziel kommen.

4. Versuche ihn NIEMALS zu manipulieren oder seine Beziehung zu zerstören. Du möchtest irgendwann mit ihm zusammen sein und ihm in Augenhöhe begegnen. Und zum anderen braucht er seine Zeit in seinem Leben, um sich zu transformieren, genau sowie du. Und es spielt in dem Fall auch keine Rolle, ob ihr jemals zusammen kommen werdet oder nicht. Er ist der Mensch, der dir wichtig ist, also ist es nicht nur logisch, sondern Grundvoraussetzung, das du ihm mit Respekt gegenüber trittst. Alles was du tust, um dich an seine Seite zu drängen, wird dir unnötige Schmerzen bereiten und dich weiter zurück werfen.

5. Auch Stalken oder „Nur mal Gucken" ist für dich TABO! Ganz einfach. Jedes Mal, wenn du ihn sinnlos anschreibst, auf sein Profil guckst, seine Bilder anschaust tut es dir nur umso mehr weh und es wirft dich wieder um Tage zurück. Wenn es dir leichter fällt, dann schreibe seine Telefonnummer auf und lösche sie aus deinem Telefon. So hab ich es bei einem meiner Ex Partner gemacht und es hat mir bei meiner Dualseele auch sehr geholfen. Telefonnummer weg packen Drei- Vier Wochen warten und dann kannst du sie wieder einspeichern, aber in der Zeit

hat sich dein Kopf daran gewöhnt, nichts von ihm zu hören und das ist sinnvoll. Du machst dich sonst nur selbst kaputt und das ist nicht Sinn und Zweck der Sache.

6. Ein Mal reicht. Er ist ein erwachsener Mann und schlau genug um deine Worte zu verstehen. Sag ihm ein Mal, was los ist und dann ENDE. Natürlich kannst du ihm das hunderte malen, schreiben, sagen... Schitt egal. Ein Mal. So weiß er, woran er ist und der Rest ist seine Sache. Das ist auch wieder das Thema der Bedürftigkeit.

7. Wenn du es ihm ein Mal gesagt hast, egal wo, wie... Was auch immer. Tausche dich nur mit Gleichgesinnten aus, das heißt Menschen, die den Selben Weg gehen, wie du. Selbst deine beste Freundin wird dich nicht verstehen und keiner sonst. Glaub es mir. Wer nicht selbst in einer solchen Verbindung ist, wird dich nicht verstehen. Such dir einen anderen Herzmenschen mit dem du dich austauschen kannst oder schreib in ein Buch, egal was.

Wenn du diese Kleinigkeiten beachtest, ist das schon „die halbe Miete".

Die Hauptpunkte meiner Dualseelenbegegnung mit denen ich zu kämpfen hatte

Am Anfang, kurz bevor ich ihn erkannt hatte, blühte ich richtig auf.

Ich lernte ein Stück weit das Gefühl kennen, welches sich jetzt in mir manifestiert hat.

Es war ein kleiner „Vorgeschmack" von meiner Dualseelenbegegnung und es war alles „perfekt".

Ich blühte auf und für ein paar Wochen fühlte ich mich wie ausgewechselt.

Ich schwebte, wie auf der berühmten Wolke sieben, konnte alle meine Talente uneingeschränkt nutzen und fühlte mich in seiner Nähe „ganz" und glücklich.

Aber dem Tag, als ich ihn erkannte, spielte in mir alles verrückt.

Aber das hatte ich ja schon in meinem Buch „Dualseelenmagie" beschrieben.

Seit dem Tag kamen in mir all meine Emotionen hoch, alles, was in mir geschlummert hatte, brach wie eine Sintflut über mich herein.

Ich dachte echt eine Weile lang, dass ich meinen Verstand verloren hätte.

Und so fragte ich mich, „Was ist das denn" und „Wie komme ich da wieder raus"?

Das ich für ihn Gefühle hatte, seit dem ich ihn das erste Mal gesehen hatte war mir klar, aber ich hatte es doch im Griff.

Und wie hätte ich denn wissen können, dass er meine Dualseele ist.

So musste ich anfangen, mich neu zu orientieren.

Als ich den Vorgang des „Loslassens" unbewusst in Gang setzte, wusste ich gar nicht, was das bedeutet, aber ich tat es einfach.

Eine meiner Grundeigenschaften war es immer vor zu tiefen Gefühlen davon zu rennen und alles mit mir selbst aus zu machen.

Das war auch ein Punkt, den ich in meiner Transformation beobachtet.

Ich hatte ein Stück weit die Selben „Aufgaben und Eigenschaften", wie mein Gefühlsklärer.

Das war für mich genau so faszinierend, wie beängstigend, denn ich war doch der Herzmensch der ganzen Sache.

Aber es scheint nichts Besonderes zu sein, das beide ein paar aufgaben gemeinsam haben.

So musste auch ich lernen, als meine Transformation vorbei war, eine liebevolle Bindung zu meinem Gefühlsklärer ein zu gehen.

In meiner Transformation musste ich lernen, mich allen Herausforderungen meines Lebens zu stellen und „stehen zu bleiben", anstatt immer weg zu laufen.

Das war auch eine meiner größten Ängste, die ich zu überwinden hatte.

Es war für mich eine echte Herausforderung mein „Inneres Kind" zu heilen, aber auch mich all meinen Ängsten zu stellen.

Und diese Aufgabe löste ich „ganz einfach".

Ich stellte mich ausnahmslos jeder meiner Ängste und besiegte sie damit.

Wenn du vor etwas wirklich Angst hast ist es oft einfacher, sich dieser Angst zu stellen, denn so kannst du sie am schnellsten besiegen.

Klar ist es nicht einfach, aber nur so konnte ich so schnell transformieren.

Natürlich hätte ich Jahre lang zu einer Therapie gehen können und abwarten, bis es mir „langsam" besser geht.

Aber wie viel Zeit geht damit verloren und vor allem…

Was soll schon passieren?

Stell dir einfach die Frage, die mich meine ganze Transformation und auch jetzt immer begleitet.

„Was würde die Liebe jetzt tun"?

Die Liebe kennt keine Angst, sie kennt keine Ablehnung, sie kennt keine Furcht, keine Bösartigkeit, nicht was schlimm sein könnte.

Ein reines Herz wird durch seine Liebe, durch sein Strahlen immer einen Weg finden.

Und deshalb habe ich meine Ängste besiegt.

„Was würde die Liebe jetzt tun"… Weiter gehen!

Die größte Angst meines Lebens war immer meine
Verlustangst gewesen, da ich in meinem Leben schon so
viele Menschen verloren hatte, war es mir immer lieber
gewesen, die Menschen nicht zu nah an mich ran zu
lassen, aber das galt hier nicht mehr.
Zu dieser Zeit war ich in tiefen Depressionen gefangen,
die ich damit besiegte, dass ich mich ihnen stellte.
Oft kämpfte ich mich durch den Tag, aber dadurch, dass
ich mein Ziel immer vor Augen hatte, schaffte ich mich
zu befreien.
Als ich verstand, was mit mir geschah und in mir vor
ging, verstand ich, was ich tun musste, obwohl sich mein
Kopf immer noch dagegen sträubte.
Mein Selbstwertgefühl und Selbstbewusstsein waren auf
dem Nullpunkt meines Lebens.
Durch schwere Krankheiten, die mich an den Rand
meiner Existenz brachten, wachte ich auf und ging nun
meinem mir vorbestimmten Weg.
Auf diesem Weg besiegte ich alle meine Ängste,
ausnahmslos.
Dazu zählten Verlustängste, Angst vor emotionaler Nähe,
Angst vor Menschenmengen, Angst vor Keime und
Bakterien, Angst vor Kritik, Angst vor Zurückweisung
und Ablehnung, usw.
Ich lernte Grenzen zu setzen und meine Prinzipien neu
auf zu stellen.
Aber was mein Jahre lang falsches Denkmuster und
meine Blockaden, mein „Sich ständig gegen das Leben

wehren" mir gesundheitlich einbrachte, war echt der Knüller.

Nach dem Ärztlichen „Urteil" „Manisch depressiv mit posttraumatischer Belastungsstörung dachte ich, „das reicht ja auch", aber es kam noch viel besser.

Im Laufe meiner Transformation hatte ich mit Depressionen, Diabetes, extremen Haarausfall, Lebensmittel- und Kaliumvergiftung, ein paar Allergien, Herzrasen und kleineren Herzaussetzern, Gedankenrasen, Atem- und Lungenproblemen, Fettleibigkeit (von Konfektionsgröße 38/40 auf KG 48 in 2 Monaten), Hüftprobleme, Körpergeruch, Waden- und Körperkrämpfe, Nierenprobleme, Süchten (Missbrauch von Alkohol und THC haltigen Produkten, Arthrose in der Hüfte, Rückenschmerzen, Schlafstörungen, Zellulitis, Magen- Darm Beschwerden, körperlicher Nikotinsucht und dem Versagen den Kreislaufs zu kämpfen.

Dies alles begleitete mich durch meine Dualseelentransformation und dazu werde ich dir in meinem nächsten Buch aufzeigen, wie ich es geschafft habe, diese Krankheiten alle innerhalb meines Transformationsjahres los zu werden.

Und dazu hat sich meine Sehkraft um ein ganzes Dioptrien pro Auge verbessert, ich habe kaum noch Allergien und meine Blutwerte sind alle optimal.

Dies alles erlebte ich im Zeitraum eines Jahres und es schien mir wie ein Wunder, das ich dies alles so schnell wieder in den Griff bekommen hatte, aber es war auch klar, denn das waren meine Blockaden, die ich durch mein Handeln löste.

In meinem nächsten Buch beschreibe ich dir die Ursachen und meine Herangehensweise, wie ich diese Probleme konkret in den Griff bekommen und aufgelöst habe.

Da dieses Thema sehr komplex ist, würde es leider den Rahmen dieses Buches sprengen.

Aber was für mich auch klar ist, ist die Tatsache, dass jeder, egal ob er in der Transformation ist oder nicht, diese „Probleme" lösen kann.

Dazu machte ich auch ein paar interessante Entdeckungen, bezüglich der Krankheit, was mich beim Erkennen meiner Dualseele sehr „schockierte".

Numerologie bei Dualseelen

Über die Numerologie der Dualseelen könnte ich fast schon „Bände" schreiben, aber ich fasse die Wichtigsten Punkte zusammen.

Sobald du in deinem Dualseelenprozess angekommen bist, werden dir Zahlen und andere Dinge, wie Autokennzeichen auffallen, die dir zum einen den Weg weisen und zum anderen sehr merkwürdig vorkommen werden.

So empfand ich es, denn manche Dinge können „wohl Zufall" sein, aber so viele Zufälle gibt es nicht.

Das Erste, was mir aufgefallen war, waren Doppelzahlen und Kennzeichen.

Ich hätte es ja gelten lassen, das ich mal ein Kennzeichen mit seinen oder meinen Initialen sehe oder unsere Anfangsbuchstaben auf einem Kennzeichen.

Das ist ja nichts außergewöhnliches, aber so ging es über Wochen und dazu kamen noch zwei Punkte.

Seine Partnerin hatte meine Initialen als Kennzeichen und er an seinem Auto seine.

Das ist zwar komisch, aber auf meinem Kennzeichen, welches ich an einem meiner alten Autos hatte, waren unsere Initialen drauf... Zufall?

Wie gesagt, ich glaube nicht an Zufälle.

Dazu lachte ich mich immer kaputt, als ich dem Universum eine Frage stellte und zum Beispiel ein Gartennachbar brachte mir grade an dem Tag einen Häcksler vorbei, der unsere Initialen hatte und dazu das Datum, nach dem ich gefragt hatte.

„Komische Zufälle".

Aber genau so wurden mir viele Fragen in Form von Zahlen beantwortet und so sah ich in meiner Transformationszeit meistens die Meisterzahl 11.

Als ich meine Transformation abgeschlossen hatte und er „nur noch in seiner war", sah ich „Plötzlich" nur noch die 22 als Meisterzahl.

Und diese wurde oft von der 33 begleitet, welches die höchste Meisterzahl ist und das Ende der Dualität einleitet.
Diese Zahl verfolgte mich an dem Tag besonders, als ich ihm sagte, was ich für ihn empfinde.
Das war schon ein komisches Gefühl, aber sehr schön.
Mit Meister oder Doppelzahlen kann man sehr viel über Schwingung und Resonanz lernen und feststelle.
Die einzige Prämisse dabei ist es, nicht darauf zu warten.
Sie erscheinen automatisch und du wirst von Bauchgefühl her spüren, ob es richtig ist.

Dazu gibt es zum Beispiel noch die „Einzelschwingungszahlen".
Davon gibt es viele, verschiedene Auslegungen, wo ich mir meine eigene zusammen gebastelt habe.
Als Kind habe ich immer mit den handelsüblichen Rider Waite Tarotkarten gearbeitet, weil sie zu der Zeit für mich am einfachsten waren.
Bei Tarotkarten muss man immer darauf achten, „wie das Bauchgefühl schwingt".
Ich habe früher für viele meiner Freunde die Karten gelegt und es ist immer zu 100% eingetroffen, bis ich die Gabe eines Tage abgelehnt hatte.
„Zum heutigen Tag" habe ich diese Gabe wieder angenommen, aber meine Schwingung hat sich sehr verändert und so musste ich mir auch neue Kartendecks suchen, die mit mir im Einklang sind.

Meine Resonanz Zahlen habe ich mir aus dem Waite Tarot und meiner „Intuition" zusammen gesetzt.
Das war für mich die einfachste Methode, zu mir selbst den Bezug zu finden und zu verstehen.
Die Zahlen habe ich aus dem Waite Tarot plus denn Schwingungszahlen „zusammen gesetzt".

0. Freiheit, eigene Entfaltung
1. Die Magie – einfache Dualität
2. Reine Dualität
3. Das weibliche Prinzip – die Herrscherin
4. Das männliche Prinzip – Klarheit – klare Aussagen
5. Wissen – Spiritualität
6. Reine Liebe – die Liebenden
7. Aufbruch – der Weg ist geebnet – es geht voran
8. Ausgleiche – Ausgeglichenheit – Kraft
9. Einsamkeit – innere Stärke – Vollendung
10. Das Schicksal – das ist vorausbestimmt
11. 1. Stufe der Dualität – du bist auf dem richtigen Weg
12. Sichtweisen ändern
13. Neubeginn – Ende einer Phase
14. Kunst – Kreativität – Muse – kann der Wegweiser zu einer neuen Berufung sein
15. Sexualität – Lustprinzip – Sehnsucht – Macht
16. Tiefschlag – falscher Weg

Hier gibt es natürlich noch viel mehr
Schwingungszahlen, aber das Prinzip der einzelnen ist
ganz einfach.
Je mehr Doppel- dreifach- vierfach…. Zahlen du siehst,
umso größer ist die Schwingung und du auf dem besten
Weg.

Was für mich aber auch ein sehr interessantes Phänomen
in meiner Transformationszeit war, waren Uhrzeiten.
Ich war nicht erstaunt darüber, welche Uhrzeiten
auftraten oder welche Bedeutungen sie hatten, aber auch
hier gibt es interessante Auslegungen.

Die Zeiten, die bei mir am Meisten auftauchten waren
„12:12Uhr, 21,21Uhr, 22:22Uhr, 00:00Uhr, 12:21Uhr,
21:12Uhr, 14:41Uhr, 15:51Uhr und 15:55Uhr.
Eine Zeit lang sah ich sie täglich, aber andere,
„bedeutende" Uhrzeiten tauchten erst zur richtigen Zeit
auf.

Bei der Uhrzeit 22:22Uhr habe ich festgestellt, das damit „Alle" wünsche gemeint sind, nicht nur deiner Dualseele entsprechend, es sei denn, dass ich die Erfüllung nicht mitbekommen habe, weil sie im Hintergrund geschah. Das kann auch sein.

Aber das sind alles Erfahrungswerte, die man erst im Laufe der Zeit macht und ich weiss, das ich auch jetzt noch sehr viel dazu lernen und erfahren werde.

Was ich aber auch zum Schluss feststellte war, dass genau diese Uhrzeiten uns als Dualseelen verbinden, denn die Bedeutung der Zahlen ist eindeutig.

Zur Numerologie gibt es aber auch viele verschiedenen Möglichkeiten, andere Menschen und euch als Paar auszurechnen.

Eine Freundin zeigte mir mal „Ein altes Kinderspiel", welches auch aus der Numerologie kommt.

Anhand der Namen beider Partner errechnet man, ob die beiden zusammen passen oder nicht.

Hierbei gibt es aber Besonderheiten.

Alles was über 90% ist optimal, genauso wie alle Doppelzahlen, also 11%. 22%, 33%.....

Und auch hier kann man bei jedem Ergebnis die Schicksalszahl ermitteln.

Ich habe darüber auch recherchiert und dieses „Kinderspiel" ist eine wirkliche Möglichkeit, die seit Jahrhunderten in der Numerologie Anwendung findet.

Ich versuche es dir mal an Hand eines Beispiels zu erklären

Susanne Glaube   -   Frank Wissen

Nun schaut man, wie viele a in beiden Namen vor kommen und schreibt die Zahl dafür aus.
Dann macht man mit den b weiter...c... d... bis man alle Buchstaben durch hat.
In diesem Fall würde es so aussehen
3131111141421

Nun nimmt man jeweils die erste und die letzte Zahl und addiert sie, also

3 + 1 / 1+2 / 3+4/ 1+1 / 1+4 / 1+1 / und die 1 die übrig bleibt wird einfach mit nach unten gezogen.

Also : 4372521

Und hier machen wir wieder das Selbe Spiel.

4+1 / 3+2 / 7+5 / 2

Ergebnis : 55122

Und hier das Selbe wieder...

Ergebnis : 771

Das bedeutet, dass wir nun die 7+1 zusammen rechnen und die andere 7 einfach runter ziehe.
Endergebnis 87%.

Also (8 + 7 = 15 = 6)

Für eine Beziehung ein sehr gutes Ergebnis, denn sie steht unter dem Mantel der Liebenden.

Probiert es einfach mal aus.

Bei den meisten Dualseelenpaaren und Twinseelen, die ich kennen gelernt habe, kommt eine Doppelzahl raus oder mindestens über 89%.
Aber wie gesagt, es muss nicht auf alle zutreffen.
Ich wollte es dir nur mit an die Hand geben.

Was auch möglich ist, ist deine und seine Geburtszahl und Namenszahl aus zu rechnen.
Anhand dieser Zahlen kann mal lernen, seinen gegenüber besser ein zu schätzen, wobei es auch da zwei kleine Besonderheiten gibt.

Wenn ein Mensch zum Beispiel die Zahl 9 als Namenszahl hat, ist dies ein Mensch, der andere gern durch seine Erfahrungen unterstützen und fördern, er ist sehr konsequent und eine optimale Führungspersönlichkeiten.... Usw....

Das ist eine der Bedeutungen.
Wenn dieser Mensch nun aber als Namenszahl und als Geburtszahl eine 9 hätte, dann wäre dies die höchste Schwingung und seine Eigenschaften würden sich um ein vielfaches erhöhen.

Das heißt, Neunermenschen verfügen über ein starkes Charisma, aber als 99iger Mensch ist dies so sehr ausgeprägt, das einem solchen Menschen „das andere Geschlecht ihm hinterher läuft, „wie Motten dem Licht".
Das ist der Punkt, wo sein gegenüber sich die Gedanken machen sollte, ob er einem solchen Menschen „gewachsten" ist.
Eine Solche Beziehung kann langfristig nur funktionieren, wenn sein Gegenüber auch eine Doppelzahl ist oder mindestens eine 9 im Namen oder als Geburtszahl hat.
Ich mache mal ein Beispiel:

Susanne Glaube ist am 05.06.1977 geboren

$5+6+1+9+7+7 = 35 = 8$ ist ihre Geburtszahl

1+3+1+1+5+5+5+7+3+1+3+2+5= 42= 6 ist ihre Namenszahl

Ihre Namenszahl ist die 6 und ihre Geburtszahl die 8.

Frank Wissen ist am 04.03.1965 geboren

4+3+1+9+6+5= 19=1 ist seine Geburtszahl

6+9+1+5+2+5+9+1+1+5+5= 49=13= 4

Seine Namenszahl ist die 4 und seine Geburtszahl die 1.

Bei der Geburtszahl Addiert man alle Zahlen und die Endzahl noch einmal.

Bei der Namenszahl ordnet man den Buchstaben die Zahlen des nach dem Alphabet zu…
Also das A bekommt die 1, Das B die 2, das C die 3…,
wobei man ab den neunten Buchstaben wieder von vorn anfängt, also j die 1, k die die 2, l die 3 … ÄÖÜ werden zu ae, oe, ue.

Bei diesem Beispiel sieht man, das beide in allen Bereichen unterschiedliche Zahlen haben.
Darauf lässt schließen, dass sie sich durch unterschiedliche Fähigkeiten in einer Beziehung sehr gut ausgleichen könnten.

Nun könnte man noch die Beziehungszahl ausrechnen. Die Beziehungszahl errechnet man durch die Differenz des Alters und addiert diese Zahlen.

Beispiel:

Susanne Glaube ist am   05.06.1977 geboren

                                01/03/0012 = 1+3+1+2= 7

Frank Wissen ist am   04.03.1965 geboren

Die Beziehungszahl ist in diesem Beispiel die, die Aussagt, das es eine sehr belebte Beziehung ist, in der beide zusammen ihren Zielen entgegen gehen und zusammen erreiche können. Durch die Dualität wird diese Beziehung angetrieben.

Portaltage und Co.

Es gibt Tage, an denen wird dir auffallen, dass deine Emotionen sehr viel stärker sind, als an anderen Tagen.
Als Herzmensch ist man sehr gefühlsbetont.
Auch Schwingungen und Gefühle anderer Menschen nehmen wir viel intensiver wahr, als viele andere.
Deshalb ist es für dich wichtig, deine innere Stärke zu fördern.
Aber trotzdem wird es Tage geben, an denen du dich anders fühlst.

Meistens werden es Portaltage sein.
Diese Tage bringen die tiefsten Emotionen zum Vorschein und sind manchmal nicht einfach zu „Überstehen".
In meiner Transformationszeit hatte ich an diesen Tagen immer mit meinen tiefsten Emotionen Kontakt, aber auch mit denen anderer Menschen.
Diese Tage können dir helfen, deine Hellfühligkeit und andere Fähigkeiten zu fördern.

Aber Tage wie Vollmond, die Nacht davor und danach und Neumond können dir helfen, dich mit deinem „Innersten" zu verbinden.
An solchen Tagen ist man oft auch sehr kreativ.
Ich hatte mir immer Zettel und Stift zur Seite gelegt, um diese Kreative Phase zu nutzen.

Probier es einfach aus.

Der Stand eurer Entwicklung

Was für mich auch immer faszinierend war, war es, den Stand unserer Entwicklung zu verfolgen.

Ich sah meinen Gefühlsklärer am Anfang vor unsere „Erkennung", als seine Augen strahlten und das tiefe Braun seiner Augen heller strahlte, als während der Transformationszeit.

Diese Entwicklung konnte ich auch in meinen Augen sehen und das spürbar.

Als meine Transformation anfing, waren meine Augen braun, verwaschen, trüb und leer.

Aber zunehmend begann ich fest zu stellen, wie sich erst das trübe und verwaschene auflöste und meine Augen ein wenig heller wurden.

Mein rechtes Auge war meiner Entwicklung immer einen kleinen Tacken hinterher, denn beide Augen haben in dem Bereich der Transformation eine unterschiedliche Bedeutung.

Sie sind auf unser Gehirn abgestimmt.

Das linke Auge zeigt dir deine Gefühlsebene und das rechte Auge deine Verstandsebene.

Damit sah ich, dass ich mich auf meinen logischen Verstand mehr verließ, als auf mein Gefühl.

Erst als ich meinem Gefühlsklärer meine Gefühle ihm gegenüber gestand, waren auch meine „Augenmuster" im Einklang.

Als meine Transformation vorüber war, sahen meine Augen beide gleich aus, aber sie waren nicht mehr braun, sondern grün.

Strahlendes grün, mit leicht gelben und bräunlichen Mustern.

Alles verwaschene und graue ist komplett weg und dazu kommt, das sie ab und zu einen silbrigen Schimmer haben, den ich nur sehr selten bei anderen Menschen feststellen konnte.

Daran erkennen wir auch transformierte Dualseelen.

Mir war dies einst auch bei einem guten Bekannten aufgefallen, denn er hatte ein paar Jahre zuvor seine Transformation abgeschlossen.

Und bei meinem Gefühlsklärer erkannte ich auch, das er langsam die kleinen, strahlenden „Augenfenster" bekommt.

Das ist das Zeichen dafür, dass er in der dritten Stufe ist.

Sehr faszinierend und wunderschön.

Hilfreiche Affirmationen

Ich bin der wichtigste Mensch in meinem Leben
Ich ruhe in meiner Kraft und bin ganz in meiner Mitte
Ich bin frei das Leben zu genießen und vertraue meinem
Gefühl
Ich bin jeder Zeit Schöpfer meines Lebens
Meine Mitmenschen lieben und respektieren mich, so
wie ich bin
Ich vertraue auf meine Fähigkeiten, Kenntnisse und
Fähigkeiten
Ich bin im Einklang mit dem Leben, der liebe und dem
Sein
Ich ruhe in mir und meiner schöpferischen Kraft
Ich bin jederzeit in Sicherheit
Ich liebe mich bedingungslos
Ich bin mir selbst meiner Schönheit bewusst
Ich bin ein strahlendes Licht
Ich bin jeder Zeit glücklich und geborgen
Ich weiss, was ich will und tue nur Dinge, die mir gut tun
Ich bin ein liebevolles Wesen voller Licht, Liebe und
Energie
Ich bin ein Teil des Universums und zeige mich in all
meiner Herrlichkeit
Ich entdecke und lebe meine Talente und Fähigkeiten in
jedem Augenblick
Ich liebe das Leben und das Leben liebt mich

Herstellung und Verlag:
BoD- Books on Demand, Norderstedt
ISBN: 978-3-7448-8584-3